Daniel Odier

Die verrückte Weisheit der Yoginis

Daniel Odier

Die verrückte Weisheit der Yoginis

Die Glut der kaschmirischen Übertragung

Deutsche Übersetzung von
Veronika Sellier

Aquamarin Verlag

1. Auflage 2020

Voglherd 1 • D-85567 Grafing

Übersetzung aus dem Französichen: Veronika Sellier

Umschlaggestaltung: Annette Wagner

unter Verwenung von © 1104732707 /Racca8888 Shutterstock.com

Druck: CPI • Birkach

ISBN 978-3-89427-871-7

Inhalt

Für

Giada

David

Patrick

Das Wort Mahamudra auch nur einen Augenblick zu hören,
Sei man in den Studien der Schrift bewandert oder nicht,
Schon durch diese Unterweisung,
diese einzigartige Wurzel ist es erlangt.
Durch jenen, der auf den inneren Sinn meditiert,
Ohne in der reinen Aufmerksamkeit zu schwanken, ist es erlangt.

Saraha, Le Trésor de la parole, le chant adamantin mélodieux.[1]

1 Lara Braitstein, Les chants adamantins, Saraha. Rabsel éditions, La Rémuée 2017

Vorwort

Im Alter von dreißig Jahren begegnete ich meiner kaschmirischen Meisterin, der Yogini Lalita Devi. Ich brauchte fünfundzwanzig Jahre bis zu meinem Entschluss, den ersten Teil ihrer Unterweisungen in dem Buch „Tantra. Das Eintauchen in die absolute Liebe“[2] zu veröffentlichen. Das Buch stieß auf ein unerwartetes Echo. Es wurde in fünfzehn Sprachen übersetzt und gab den Anhängern eines westlichen Tantra, die keine Quellen kannten und auf der Suche nach einer lockeren Sexualität waren, die Möglichkeit, zu begreifen, dass es eine Tradition von einer unvergleichlichen Tiefe gab, die nichts mit den westlichen, unter dem Begriff „Tantra“ verbreiteten Klischees zu tun hatte.

Wenn ich so lange mit der Niederschrift des ersten Teils von Lalitas Unterweisungen gebraucht habe, dann deshalb, weil sie mich mit strengster Autorität angewiesen hat, nichts von ihren Unterweisungen zu enthüllen, bevor ich sie nicht selber verwirklicht hätte. „Du musst die Unterweisung sein. Es gibt keine andere Vorgehensweise.“ Eine Verarbeitung, die fünfundzwanzig Jahre dauert – das mag ein wenig lang erscheinen in der heutigen Zeit, denn da unterweist jedermann auf allen spirituellen Pfaden, nach ein paar Jahren Praxis, ein paar Monaten oder sogar ein paar Tagen, ganz ohne Übertragung, ohne

2 Tantra. Das Eintauchen in die absolute Liebe. Aquamarin Verlag, Grafing 2007

Verwirklichung, ohne Erlaubnis der Meister. Das schafft eine richtig grosse spirituelle Verwirrung und trägt wesentlich zur Entwertung der verschiedenen Traditionen bei.

Fünfundzwanzig Jahre Praxis gehen schnell vorbei. Es ist so viel zu tun. Sich vom grundlegenden Schuldgefühl befreien, der Angst zu entrinnen, körperlich, mental und geistig in Fluss zu kommen, spontaner werden, aufzuhören, die Emotionen zu speichern, nach und nach den mentalen Kommentar zum Verschwinden zu bringen, die animalische Anmut wiederfinden, tiefer und tiefer in die Praxis des *Vijnanabhairava Tantra* und andere Texte einzusteigen; *Tandava*, den mystischen Tanz, zu praktizieren und den Yoga der Emotionen, die Visualisierungen von *Matsyendranath* und den Yoga der Berührung, damit die Praxis ein Ganzes bildet, integriert in den Fluss des Lebens. Fünfundzwanzig Jahre, das ist kurz.

In „Tantra" habe ich versucht, die Schönheit, die Kraft und die Klarheit dieser Übertragung jenseits aller Normen genau wiederzugeben, ebenso wie den tiefgründigen, mystischen, direkten, spielerischen, leidenschaftlichen und subversiven Charakter von Lalita. Die Aufgabe, diese Freiheit, diese verrückte Weisheit wiederherzustellen, war schwierig, denn es galt, eine Auswahl zu treffen. Man kann eine derart reiche Unterweisung nicht vollständig in einem einzigen Werk wiedergeben, deshalb habe ich mich entschieden, aus diesem ersten Buch den tiefsten, den verborgensten Anteil herauszulösen. Aber es gibt einen anderen Grund für diese Wahl, die mich wiederum zu meiner ersten Entscheidung zurückführt, nämlich fünfundzwanzig Jahre lang zu praktizieren, um die Unterweisungen zu verwirklichen. Ich habe dann noch zwanzig weitere Jahre gebraucht, um die Lehren von *Mahamudra* und *Pratyabhijna* zu integrieren und mich zu entschließen, sie in diesem Band preiszugeben.

Anders als man vermuten könnte, wurden mir diese Lehren nicht nach einer langen Periode von Prüfungen anvertraut, sondern unmittelbar, der kaschmirischen Tradition entsprechend, die die stufenweise erfolgende Unterweisung ablehnt. Es ist ein Nicht-Weg (*anupaya*), wo allein die Liebe von und zum Meister erforderlich ist. Zu einem besseren Verständnis muss man wissen, dass Lalita ein spezielles Verständnis von Geheimnis hatte. Für sie stellte es kein Problem dar, eine sogenannte „Geheimlehre" zu verbreiten, denn solange die Lehre nicht verwirklicht war, blieb sie geheim. Das war bereits das Vorgehen von *Matsyendranath*, der der Erste und Einzige war, der das System der Visualisierungen des *Kaula-Wegs* in Umlauf brachte. Es war der Weg der Vereinigung von *Shiva* und *Shakti*, der vor seiner Zeit nur sehr weit auf dem Weg fortgeschrittenen Yogis und Yoginis übertragen worden war, bevor sie in die Einsamkeit des Himalaya aufbrachen. *Matsyendranath* ist in *Kamarupa* (Assam) der Gründer des *Yogini Kaula-Wegs*, der im Zustand der *Sahaja*, der Identität von Anbeter und Göttlichem, in der spontanen Freiheit beziehungsweise der verrückten Weisheit kulminiert. Lalita und alle Yoginis der Linie haben diesen Weg gelehrt. Sie übertrugen durch ihre alleinige Präsenz die Verwirklichung des *Sahaja-Samadhi*, den Zustand der Vereinigung mit der Gesamtheit in spontaner mentaler Stille.

Lalitas Übertragung geschah in sehr kurzen und sehr intensiven täglichen Zeitabschnitten, die im Herz/Geist nichts als Raum ließen. Ich nahm sie wie Pfeile wahr, die ganz tief in mein Herz trafen. Die Ambrosia dieses Geschenks brauchte schließlich zwanzig Jahre, um sich in meinem ganzen Sein aufzulösen.

Heute endlich kann ich diese kostbaren Lehren weitergeben. Die kaschmirische Tradition hat so viele Verzerrungen und Interpretationen erlitten, dass ich zudem die Notwendigkeit verspürt habe, verständlich zu machen, wie diese Verschiebungen erfolgt sind, um dann den ersten Strom dieser Unterweisungen wiederzugeben, die nicht durch klösterliche und der oft damit einhergehenden politischen Macht gefärbt waren. Während ich diese doppelte Arbeit machte, hatte ich den Eindruck, ein Bildrestaurator zu sein, der geduldig, Schicht für Schicht, die auf das Originalbild angebrachten Übermalungen abträgt. Es ist wahr, dass sich die ursprünglichen Lehren keinerlei Beschränkung auferlegen ließen. Sie waren von einem revolutionären Ikonoklasmus, vor allem heute, wo die Freiheit zu sein mehr und mehr von der Macht kontrolliert wird. Nach mehr als tausend Jahren ist diese Praxis ein riesiger Riss in der Weltenpolizei.

Lalita kannte die wichtigen Texte des kaschmirischen Shivaismus auswendig: Das *Vijnanabhairava Tantra*, das *Spandakarika*, das *Pratyabhijnahrdayam*, die *Shiva Sutras*, viele Gedichte und Gesänge, darunter den Gesang von *Saraha*, den sie besonders mochte. Sie gab mir – mit Ausnahme der drei ersten – nie den ganzen Text, sondern wählte den einen oder anderen Vers der jeweiligen Unterweisung entsprechend aus. Jeder Vers sollte einen Raum von innerer Stille öffnen, und es entstand eine Dynamik, eine ganz besondere Bewegung, je nach Zusammenhang. Ein Vers wurde zur Rakete, die für die Zerstörung einer egoistischen oder mentalen Struktur geladen war. Es gab im Klang der Stimme eine einzigartige Dynamik, dem Augenblick und meinem Seins-Zustand gemäß, als ob jeder Klang ein Mantra wäre, geladen, um ein Ziel zu treffen. Es gab ein Lalita-„System", das ich versuchen werde zu definieren, bevor ich die Nebel vertreibe, die die tantrische Tradition aus Kaschmir umwehen. Lalita erklärte nicht. Ihre Methode war die Entblößung. Das war einer ihrer ersten Sätze bei unserer Begegnung: „Ich will nicht wissen, woher du kommst, ich will nicht wissen, was du praktiziert hast, ich will nicht wissen, was dich hat leiden lassen, ich will nicht wissen, welche Hoffnung du in dir trägst. Ich will nur eines: Den bloßen Menschen unter den Konditionierungen sehen. Um den bloßen Menschen zu sehen, werde ich dir all deine spirituellen Kleider wegnehmen."

Die ersten Wochen galten dieser Entblößung, dieser Art, extrem heftig meine Ängste, meine Strategien, meine Hoffnungen aufzuzeigen. Kurz nach dem ersten Sturmangriff fragte sie mich, ob ich wüsste, was ich, vom mystischen Standpunkt her gesehen, wollte, und als ich „ja" sagte, fixierte sie mich mit einem Blick, bei dem mir nie klar war, ob er spöttisch oder voller Sanftheit war, und sagte mir: „Dann hoffe ich, dass du das niemals erreichen wirst, denn das ist eine von deinem eigenen Geist geschaffene Phantasie, und nur die Stille kann die geheimnisvolle Pforte öffnen. Nicht die Stille der Worte, sondern die des Herzens."

Wenn sie wie die Lehrmeisterin von *Saraha* ihren Pfeil abgeschossen hatte, zog sich Lalita gerne in den Wald zurück. Sie verschwand stundenlang und ließ mich verarbeiten. Ich war einer Serie von Angriffen ausgesetzt, die von äußerst zärtlichen Momenten unterbrochen waren, während derer sie mich in ihre Arme nahm, wie um mir eine Dosis Mut einzuflößen. Ich spürte ihren vibrierenden Körper durch den feinen Baumwollstoff hindurch. „*Abhinavagupta* meinte, dass sich die Lehre vor allem über die Berührung überträgt, dann über den Blick und erst an dritter Stelle über Worte. Tatsächlich überträgt sie sich von Herz zu Herz, direkt", sagte sie mir.

Mit Lalita hatte ich die Empfindung, fortwährend den Regenbogen der Emotionen in Lichtgeschwindigkeit zu durchqueren. Sie stießen aneinander, durchdrangen sich gegenseitig, zerschlugen sich ineinander verkeilt, um einer Präsenz Platz zu machen, einem Seins-Zustand, der mit dem Wirklichen in unmittelbare Resonanz trat. „Für uns ist alles wirklich. Da ist nichts zu transzendieren, nichts zu reinigen, nichts auszumerzen. Wir verfolgen den ganzen Menschen in seiner absoluten Wirklichkeit. Um eins mit der Gesamtheit zu sein, muss man damit beginnen, eins in sich selbst zu sein. Ein nicht in zwei gespaltener Körper, sondern geeint durch den Atem. Ein fluktuierender und vibrierender Körper, der sein Inneres als dem Äußeren gleich erkennt. Alles ist nichts als leuchtende Räumlichkeit!"

In einer ersten Zeit ging es darum, den Menschen seiner Prägungen und seiner Spuren zu berauben, seiner Erinnerungen, seiner Gewohnheiten, seiner Fluchten, seiner repetitiven Strukturen und vor allem als Westler eine Funktionsweise zu vergessen, die durch die Klischees der Psychologie verursacht worden war. Zu einer älteren, fundamentalen Schicht vorzustoßen, zu seiner wilden und ursprünglichen Natur zurückzukehren, wie durch eine Reihe von aufeinanderfolgenden Häutungen, so wie eine Schlange, die ihre alte Haut abwirft, um die glänzende und mäandrische Frische wiederzufinden.

Lalita liebte Schlangen, sie sprach oft davon, und sobald wir im Wald waren, tauchten sie auf, glitten zu ihr hin, rollten sich manchmal um ihr Bein, um ihren Arm oder um den Dreizack, der in den Boden gerammt war. Sie verglich die Wirbelsäule gerne mit einer Schlange, um mir besser den fortwährenden Fluss von *Tandava* verständlich zu machen.

Die Unterweisung geschah immer im Sitzen, von Angesicht zu Angesicht, Knie gegen Knie, Herz zu Herz. Sie war abrupt, symbolisch, geheimnisvoll. Sie wandte sich nicht an den Verstand, sondern ging direkt in den Körper hinein und rief ekstatische Stille, Erschauern und Freude hervor.

Nach meiner Begegnung mit Lalita empfand ich, mit der Praxis einhergehend, die Notwendigkeit, die Quellen klarzulegen und zu erforschen, indem ich untersuchte, wie sie von der tibetischen Tradition in ihrer Essenz entstellt, aber auch wiedergefunden worden waren. Die Geschichte der Traditionslinien ist immer die Suche nach einer strategischen Logik, um eine ununterbrochene Ausrichtung zu rechtfertigen. Wenn diese Logik einmal nicht mehr geht, kommen die übernatürlichen Mächte der *Siddhas* den Linien zur Hilfe, übernatürliche Wesen wie *Shiva/Shakti*, *Vajradhara* oder *Vajrasattava* treten in Erscheinung, um diese Kontinuität zu gewährleisten. Doch in der Übertragung von Herz zu Herz wird diese Logik nutzlos, und man kann sie wie ein rein rationales und eitles Vergnügen betrachten, an dem wir uns ergötzen können. Die Mystiker haben sich immer allen Weisungsversuchen entzogen, den der Rationalisierung inbegriffen.

Ich lasse die Kapitel der Erforschung und Entschlüsselung von den Quellen der tantrischen kaschmirischen Tradition und die funkelnden Goldklumpen der direkten Übertragung abwechselnd aufeinander folgen. Dabei erklärt das eine das andere in einem harmonischen Ganzen. Ich habe mich entschieden, zu versuchen, die Momente dieser Übertragung wiederzugeben, ohne die durch sie hervorgerufenen Implosionen zu beschreiben, damit diese lebendige, noch nicht abgehandelte Materie eine direkte Auswirkung auf den Leser, die Leserin hat, so wie es bei mir der Fall war, als ich Lalita gegenübersaß. Ich habe den Kapiteln der Übertragung die Überschrift „Herz zu Herz 1,2,3…“ gegeben.

Wer keinen Unterschied mehr
Zwischen sich selbst und dem Absoluten sieht,
Wer nicht mehr
Inneres Licht und Verdunklung trennt,
Kann in der Gleichheit des Herzens
Das Bewusstsein der Ganzheit entwickeln.
Er allein kann den Guru der Gurus sehen.[3]

Lalla

3 Lalla, Mystische Gesänge des kaschmirischen Tantrismus. Darlegung und Übersetzung aus dem Englischen von Daniel Odier, Übers. Martina Hügli/Veronika Sellier. Aquamarin Verlag, Grafing 2020. Alle weiteren Gedichte von Lalla sind ebenfalls diesem Band entnommen.

Herz zu Herz 1

Die wesentlichen Prinzipien des Mahamudra

Als mich Lalita die Visualisierungen lehrte, übertrug sich ihre Energie auf mich, und ich erwarb von der ersten Übertragung an die Fähigkeit, augenblicklich die Bilder zu sehen, die sie mir beschrieb. Darauf, nach einer langen, arbeitsintensiven Praxis, kamen die so genauen und so farbigen Visionen der ersten Übertragung mit derselben Intensität wieder zurück. Ich hatte dasselbe Phänomen mit den Visualisierungen von Kalu Rinpoche erfahren, und nachdem er mir ein von eigener Hand gemaltes Mandala hatte zuschicken lassen, hatte ich, von der ersten Betrachtung des Bildes an, eine klare Projektion vor Augen. Diese Fähigkeit, den Schüler in die vollendete Vision hineinzuführen, bevor er je praktiziert hatte, versetzte mich immer wieder in Erstaunen. Das verändert die Vorgehensweise sehr. Ich wusste, was ich sehen würde, wenn ich gewissenhaft praktizierte. Das Studium an der Kunsthochschule in Rom hatte bereits meine Fähigkeit zur Visualisierung entwickelt. Aber diese unmittelbaren Projektionen der Meister machten sie blitzschnell und scharf. Lalita hatte diese Fähigkeit gespürt, sie übertrug mir eine große Anzahl an Visualisierungen, dazu gehören jene von *Matsyendranath*, die ich in einem nächsten Buch beschreiben werde. Die Übertragung geschah durch Berührung, eine Hand auf dem Herzen, durch den Blick und durch Worte; in der genauen, von *Abhinavagupta* angegebenen Reihenfolge.

„Als vorbereitende Praktiken zur Verwirklichung von Mahamudra, sind die Visualisierungen und der Yoga der Linie sehr wichtig, denn sie machen Körper, Verstand und Emotionen räumlich. Sie erlauben es dir, dich an einem entspannten Körper aus Licht zu erfreuen, an einem Verstand, so still und offen wie der Raum in seinem natürlichen Zustand, an so fließenden und schnellen Emotionen, dass es nicht mehr nötig ist, derart zu kontrollieren und zu filtern. Alles kann im natürlichen Zustand geschehen, keine Angst mehr, kein Ziel mehr zu erreichen, keine Projektion, keine Hoffnung mehr, denn du bist in jedem Moment erfüllt. Die Präsenz offenbart dir, dass es dir niemals an etwas fehlen wird. Heute Morgen werde ich dir die Übertragung von *Kumari* geben. Es gibt insgesamt acht rote Göttinen: *Brahmi, Maheshvari, Kumari, Vaishnavi, Varahi, Vajrahsta, Yogesvari und Aghoresi*, jede sitzt auf den jeweils acht Blütenblättern der acht Chakras, das macht vierundsechzig rote Göttinnen. Das sind die vierundsechzig Nischen der großen Rundtempel wie zum Beispiel in Hirapur in Orissa. *Bhairava* und *Bhairavi* befinden sich liebend vereint in der Mitte.[4] Deine Augen in meine Augen! Der Atem sehr langsam und tief, ohne die geringste Veränderung von Rhythmus oder Intensität. Herz zu Herz!

Du sitzt auf einem flachen runden Stein mitten in einem See, dein Kreuzbein berührt das frische Wasser, die Energie des Wassers steigt durch deine Wirbelsäule auf und verbreitet sich in deinem ganzen

4 Weiteres s.. Daniel Odier, Tantric Kali. Inner Traditions, Rochester, Toronto 2016, S. 78 ff.

Körper. Um die männliche und weibliche Energie ins Gleichgewicht zu bringen und zu *Bhairava/Bhairavi* zu werden, visualisiere dich ab dem Beckenboden als Frau, ganz frisch, eine *Yoni*, ein Uterus öffnet sich, dein Herz vibriert und bringt Brüste hervor, du bist mit mir identisch. Die subtile weibliche Vibration verteilt sich in alle deine Zellen, du verwandelst dich, ich sehe es in deinen Augen.

Eine schöne Nacht, ein Himmel von einem tiefen Blau. Du siehst das Seeufer. Ein Rubin erscheint, er schwebt im Raum. Du betrachtest ihn entzückt...

Plötzlich wird der Rubin zur Göttin *Kumari*, mit einem Körper von transparentem Rubin, ich bin *Kumari*. Meine Organe, meine Muskeln, meine Knochen, meine Sehnen, alle meine Körperflüssigkeiten sind von einem schönen, durchsichtigen Rot. Ich beginne, auf dem Wasser zu gehen und tanze *Tandava*, während ich mich dir nähere.

Ich komme auf dem flachen Stein an und setze mich dir gegenüber, die Energie des Rot beginnt, in deinen Körper, deine Organe hineinzuströmen, dein Gehirn ist von der Kraft des Rubins durchflutet, eine einzige Farbe. Totale Präsenz.

Ich falte meine zarten Hände zusammen und lege sie auf deinen Bauchnabel. Mein Atem geht in dich hinein, du öffnest dich total, furchtlos, mit entspannten Muskeln. Meine Hände gehen ganz sanft in dich hinein. Sie umschließen deinen Uterus und nehmen ihn aus deinem Körper heraus. Ich lege ihn im frischen Wasser des Sees ab. Schau, wie er sich entspannt, wie er wunderbare und helle Farben annimmt. Es bleibt keinerlei Erinnerung übrig. Er hat sich gerade gebildet. Er findet wieder zu seinem Urzustand.

Meine Hände gehen wieder in deinen Körper hinein, sie holen deine *Yoni*, deine Eierstöcke heraus und legen sie in das frische Wasser. Sie finden wieder zu ihrem Urzustand und zu entzückenden Farben zurück. Die Vergangenheit löst sich auf, die Kindlichkeit ist wiedergefunden.

Ich nehme weiterhin deine Organe heraus, eines nach dem anderen. Die Eingeweide, die Leber, die Milz, die Bauchspeicheldrüse, die zu einem Zustand der Freiheit, zu wunderbaren Farben zurückfinden. Du siehst, wie alle Organe schwimmen und sich in Glückseligkeit befreien.

Ich nehme dir jetzt dein Zwerchfell heraus, was deinen Atem befreien wird, deine Lunge, dein Herz. Alles pulsiert in der Frische des Wassers und befreit sich von der Vergangenheit, wobei es zur Zartheit und Farbe der Organe eines Neugeborenen wiederfindet.

Ich gehe noch weiter nach oben und nehme deine Zunge, deine Augen und schließlich dein Gehirn heraus und lege sie ins Wasser. Auch sie finden wieder zu einem friedlichen und farbigen Zustand. Das Gehirn entspannt sich, wie eine Handvoll Haferflocken, die man ins kochende Wasser wirft. Es wird von Regenbögen durchzogen. Keine Erinnerungen, keine Projektionen, keine Erwartungen mehr. Es ist vollkommen, erfüllt, räumlich. Deine Augen haben von der Welt noch nichts gesehen, sie sind weit geöffnet. Deine Zunge genießt das köstliche Wasser.

Betrachte die Schönheit deiner Organe und spüre die Räumlichkeit des Körpers, der von diesem wundervollen roten Licht durchströmt wird. Dein Körper ist nichts als Raum. Er unterscheidet sich nicht von meinem. Es gibt nur einen Körper, welcher der Kosmos ist…

Ich nehme deinen Uterus aus dem Wasser und setzte ihn wieder in deinen Körper ein. Welche Frische! Welche Weisheit! Nach und nach setze ich die anderen Organe wieder ein, und du beginnst, eine neue

Verbindung zwischen ihnen zu spüren, ein Entzücken, ein subtiles Erschauen, das sich weiter ausbreitet, in dem Maße, wie ich deinen Körper mit organischem Raum anfülle. Der ist der Schlüssel zum Staunen. Die innere Schönheit!

Sogar wenn das Gehirn wieder eingesetzt wird, ist es nur Freude an der Vereinigung von Körper und Kosmos. Du bist der Kosmos, aber dein Verstand sagt nicht: 'Ich bin der Kosmos'."

Lalita glitt auf meine Beine und, Herz zu Herz, Bauch gegen Bauch, Lippen auf Lippen, drang sie in einem einzigen Blick in mich ein. Im Lodern vereint, außerhalb der Zeit. Dann stand sie plötzlich auf, begann auf den Wellen zu tanzen, entfernte sich, bevor sie in den Rubin hineinfloss, der oberhalb des Seeufers schwebte.

Als die Vision verblasste, saß ich ihr immer noch gegenüber, ihr Gesicht von einem leichten Lächeln erhellt. Ich war immer von der kleinen Lücke zwischen ihren Schneidezähnen fasziniert, die sich bei ihrem Lächeln zeigte. Während der Übertragungen stellte ich – ganz und gar in ihrem Bann – niemals Fragen. Ich trank ihre Energie wie den kostbarsten aller Nektare, ihre Worte schrieben sich in mich ein, ich sah sie wie vielfache *Lingams*, die aus *Yonis* emporkamen, wie geheiligte Räume, unsichtbare Tempel. Zweifellos brachte diese Faszination sie zum Lächeln. Das Parfum ihres Körpers betörte mich, ich hatte den Eindruck, durch einen Jasmin- und Rosengarten zu gehen. Ich zweifelte überhaupt nicht daran, dass die Unterweisung auch durch den Geruchssinn erfolgte, eine Fähigkeit, die sich entwickelte, je mehr ich mich als Frau visualisierte, als ob die sensorische Palette sich ins Unendliche ausdehnen würde.

„Bei Mahamudra gibt es drei Grundprinzipien: Das erste ist die einsgerichtete Aufmerksamkeit auf die räumliche Natur des Geistes, aus dem alle mentalen, emotionalen und physischen Formationen hervorkommen, aber auch die ganze Wirklichkeit, diese räumliche Natur des Geistes befindet sich im Herzen. Die Verwirklichung von Mahamudra liegt in dieser ständigen Bleibe inmitten von allem, Entstehungsort der Phänomene, aber auch Ort der Rückkehr jeglicher Manifestationen. Alles kommt aus dem Herzen und kehrt ohne Unterlass dorthin zurück. Die Erscheinungen haben die Natur des Regenbogens, der im Raum des Herzens auftaucht und sich verflüchtigt.

Das zweite Prinzip ist die Einfachheit des Vorgehens und das Vergessen aller vorherigen Praktiken, die von keinem Nutzen mehr sind. Das ist die direkteste Methode überhaupt. Nichts mehr zu erarbeiten, keine Stufen in der Askese, keine Praktiken mehr. Die natürliche und spontane Dynamik, wo alles aus dem Herzen hervorkommt und ohne Unterlass dorthin zurückkehrt. Du brauchst nichts mehr tun, nichts mehr erreichen. Du bist das, wonach du begierig gesucht hast. Bleibe entspannt in dieser Verwirklichung.

Das dritte Prinzip ergibt sich natürlich aus den beiden anderen. Da alles vom Herzen kommt und dorthin zurückkehrt, ist dieser zyklische Vorgang spontan und erfordert keinerlei Anstrengung, keinerlei Praxis. Es gibt also keine Meditation mehr. Sie wird durch ein Gewahrsein aller Dinge ersetzt und durch das ununterbrochene Bewusstsein des natürlichen Urzustands.

Wenn du den natürlichen Zustand des Geistes verlierst und die Dualität erneut aufkommt, kannst du, um zum Zustand im Mutterbauch, zum Nicht-Geborenen zurückzukehren, auf leichte und entspannte Weise praktizieren, mit spielerischem Geist, wie ein Kind, mühelos, aber mit beständiger Leidenschaft, ähnlich dem natürlichen Elan der Liebe. Zum Beispiel kannst du den Körper als transparent visualisieren.[5] Vor allem aber bleibe entspannt, und du wirst von Neuem den Urzustand erkennen.

Es gibt auch einige mentale Praktiken, die es erlauben, zum Urzustand zurückzukommen. Spalte Geist und Atem, Herz und Geist nicht auf. Verwirf nichts, hänge dich an nichts. Alle Konzepte sind der Frost des Geistes, sie bringen alles zum Erstarren. Und ganz wichtig: Lasse das Schuldgefühl oder die Traurigkeit darüber, den Zustand der Einheit verloren zu haben, niemals von dir Besitz ergreifen, denn du riskierst, ihn nicht wiederzufinden. Sogar wenn er verschwindet oder verblasst, bleibe entspannt. Glaube an mich, glaube an die Übertragung, glaube an dein absolutes Potenzial. Der Raum mag es nicht, wenn man ihn mit zu viel Heftigkeit begehrt, er ist wie eine launische und unberechenbare Yogini!

Grübele also nicht über die Vergangenheit, stelle dir nicht die Zukunft vor, arbeite nicht an der Gegenwart herum, die, kaum aufgetaucht, bereits wieder Vergangenheit ist. Wenn du das Spiel des Denkens gut verstehst, wirst du feststellen, dass die Vergangenheit Gegenwart ist, denn du kannst nicht in der Vergangenheit an sie denken, und dass die Zukunft selbst Gegenwart ist, denn du kannst nicht zukünftig denken. Also entspanne dich, es gibt nur Gegenwart, von daher ist es von Belang, nichts zu tun. Denke immer an die Regenbögen!

---

5 Daniel Odier, Tantra. Vijnana Bhairava Tantra, der Weg zur höchsten Erkenntnis. Übers. Veronika Sellier. Theseus Verlag, Hamburg 2017. Vers 48: „Nimm an, dein Körper sei durch Haut zusammengehaltene, reine lichte Räumlichkeit und erlange das Grenzenlose."

Analysiere nicht, du würdest nur noch mehr Verwirrung stiften, und versuche bei allem, die Absicht aufzulösen, indem du entspannt, spontan und natürlich bleibst. Das ist das Zeichen der Erfüllung, das Ergebnis von Mahamudra. Lasse immer vorübergehende Zerstreutheit, Vergessen, Abwesenheit zu, aber sei dir dabei dessen gewahr. Vollkommenheit anzustreben, ist ein Hindernis auf dem Weg, es ist nicht natürlich, sondern eine Projektion des Egos, welches so wieder die Zügel deines Lebens ergreift. Eine bewusste Verwirrung ist bereits Yoga. Es ist nur eine Wolke, die im Unendlichen vorüberzieht. Schaue die Wolke vom Standpunkt des Unendlichen und nicht vom egoistischen Standpunkt aus an. Sie wird sich schnell auflösen. Eines Tages ist das so natürlich, dass du nicht einmal mehr an Mahamudra denkst. Es wird dein natürlicher Zustand sein. Er wird sogar seinen Namen und jeglichen Bezug verlieren. Die große Spontaneität zeigt sich auf diese Weise. Raum! Raum! Raum!

„PHAT!“

Ewig kommen wir an,
Ewig gehen wir fort.
Endlos, Nacht und Tag,
Sind wir in einer Bewegung,
Die uns immer wieder
Zu unserem Ursprung zurückführt.
Dort gibt es ein Geheimnis,
Eine Wahrheit zu ergreifen.

Lalla

Der Beginn der Tradition

Das Tantra ist eine der seltenen mystischen Strömungen, die tausende von Jahren bis zum heutigen Tag durchlaufen haben und in mehreren Linien von Yoginis, Meistern und Mahasiddhas übermittelt wurden.

Die indologischen Gelehrten und die auf Tantrismus spezialisierten Forscher sind sich über seinen Ursprung nicht einig. Für manche, wie Alain Daniélou, Wendy Doniger O' Flaherty, Ajit Mookerjee, Indra Sinha oder Madhu Khanna, gehört der shivaitische Tantrismus zu der Zivilisation des Industals, die ihren Höhepunkt 2600 vor unserer Zeitrechnung erreicht. „Man trifft auf Symbole tantrischer Rituale in der Harappa-Kultur (Kultur des Industals, drittes Jahrtausend vor unserer Zeitrechnung) in Form von Darstellungen von Yoga-Positionen und verschiedenen Gegenständen, die mit dem Mutter- und Fruchtbarkeitskult verbunden sind."[6] Diese hoch entwickelte Kultur, deren Schrift noch nicht entziffert worden ist, verschwand infolge des veränderten Flusslaufes des Indus, klimatischer Veränderungen oder einer Invasion etwa 1900 vor unserer Zeitrechnung. Die These von der Zerstörung der dravidischen Städte durch die Arier wird heute ebenso infrage gestellt wie der nordische Ursprung der Arier. Alain Danié-

6 Ajit Mokerjee und Madhu Khanna, Die Welt des Tantra. O. W. Barth Vlg., München 1978.

lou nimmt an, es seien aus der Ukraine gekommene Stämme, andere sind der Ansicht, sie seien aus den iranischen Bergen aufgetaucht. Sie sollen das Industal und Nordindien erobert haben.

Man weiß, dass die früheren Shivaiten, deren Präsenz etwa im 2. Jahrhundert vor unserer Zeitrechnung durch einen Kommentar von *Patanjali* bezeugt ist[7] und deren Praktiken bei den *Pashupata* teilweise noch bestehen – die *Naga* und *Kapalika* verehrten *Lingam* und *Yoni* – eine besondere Beziehung zur pflanzlichen und animalischen Welt unterhielten und sich orgiastischen Ritualen, ekstatischem Tanz und Musik hingaben. Sie konsumierten eine halluzinogene Substanz, *Bhang*, eine Mischung aus Opium und Haschisch, das Getränk, das Lalita mir vor meiner Initiation in das Kali-Ritual angeboten hatte. Diese Asketen lebten als Umherschweifende, oft als Paar, begleitet von *Devadasi*, weisen Frauen. *Khajuraho*, dessen Tempel die erotische Ekstase feiern, wird um das 9. Jahrhundert herum zu einer der Hochburgen der Zelebration. *Bhairava* und *Bhairavi* verkörperten den nächtlichen und geheimen Aspekt von *Shiva/Shakti*, aber auch die zerstörerische Macht der Illusion und eine kategorische Ablehnung der Gesellschaftsordnung.

Die Draviden haben, als große Seefahrer, bis in den Mittelmeerraum hinein Niederlassungen gegründet. Grabungen haben Handel mit Mesopotamien und Ägypten zutage gebracht. Tafeln mit mesopotamischen Keilschriften beschreiben Transaktionen mit dravidischen Händlern, welche kostbare Metalle, Perlen, Ebenholz, bearbeitetes Kupfer, Keramik und Glas exportierten. Diese Seefahrer fuhren durch das Rote Meer bis zu den arabischen Häfen. Die New Yorker Ausstellung (Februar 1998) mit dem Titel „Wunder der Kultur des Industals“

7 Mark S. G. Dyczkowski/Motilal Banarsidass, The canon of Saivagama and the Kubjika Tantras of the Western Kaula Tradition, SUNY Press, Delhi 1989, S. 4

ermöglichte es der *New York Times*, über den aktuellen, mit dieser Kultur verbundenen Wissensstand Bilanz zu ziehen. Doktor Possehl von der Archäologie- und Anthropologie-Abteilung der Universität von Philadelphia brachte bei dieser Gelegenheit die Verlegenheit der Forscher zum Ausdruck und erklärte: „Die archäologische Form der Indus-Kultur ähnelt in keiner Weise dem uns Vertrauten: keine Paläste, keine Monumente, keine Tempel. Wir finden hier den Ausdruck einer soziokulturellen antiken Komplexität, ohne die großtuerische Präsenz einer Ideologie oder der Evidenz eines Herrschers, eines König oder einer Königin. Es gibt kein wirkliches Modell in der Geschichte beziehungsweise der Ethnographie, das nahelegt, dass es jemals eine Kultur dieses Typs gegeben hätte." Die Ruinen der Städte zeugen von einem wirklichen Urbanismus: Gerade Straßen, ein ausgezeichnetes Abflusssystem, Brunnen. Nach Größe sortierte Ziegel bei den Bauten und die diversen wiederentdeckten Gegenstände belegen ein großes Raffinement bei der Bearbeitung von kostbaren Metallen, Töpferei, verzierter Keramik und der Glasherstellung. „Eine urbane Kultur von einer enorm hohen Entwicklung auf einem Gebiet, das zweimal so groß ist wie das damalige sumerische Reich oder das heutige Ägypten", schrieb Holland Cotter in der *New York Times.* (20. Februar 1998) Man hat in Mohenjo Daro und Harappa auch Tonfiguren gefunden, die Asketen in Meditationshaltung darstellen, ein Siegel, das einen ityphallischen Yogi in Yoga-Haltung abbildet. Er trägt eine mit Büffelhörnern geschmückte Kopfbedeckung, ist von emblematischen Tieren umgeben und wird von vielen als ein Prototyp *Shivas* betrachtet. Wendy Doniger O' Flaherty von der Universität Chicago schreibt in ihrem Buch „Siva, the Erotic Ascetic"[8]: „Ganz offensichtlich gab es eine Yoga-Praxis im Industal, genauso wie die im Rigveda als charakteristisch für die Feinde der Arier

8 Wendy Doniger O' Flaherty, Siva, the Erotic Ascetic. Oxford University Press, Oxford 1973

erwähnte Verehrung des Phallus." Zu den außergewöhnlichen im Industal gefundenen Gegenständen zählt auch eine Yogini aus Holz in Meditationshaltung. Sie zeigt ihr geöffnetes Geschlecht. Diese Skulptur wurde dank Kohlenstoff 14 auf 2400 vor unserer Zeitrechnung datiert.

Für die kaschmirischen tantrischen Meister, wie die große Autorität unserer Zeit, der 1991 gestorbene Swami Lakshmanjoo, an dem die herausragenden Spezialisten des Tantrismus schlechthin, Lilian Silburn und Marc S. G. Dyczkowski, sich orientiert haben, „war das *Pratyabhijna*-System zu Beginn des Kali-Yuga (3200 vor unserer Zeitrechnung) weit verbreitet, und das *Krama*-System wurde zu Beginn des Kali-Yuga von dem Weisen *Durvasa*[9] eingeführt". Swami Lakshmanjoo wurde gleichzeitig als großer Gelehrter wie als Mystiker anerkannt, ein Wahrer der mündlichen Übermittlung, die die Westler oft vernachlässigen und der wir anlässlich der Übertragung der Gedichte von Lalla wiederbegegnen werden.

Somananda, ein kaschmirischer Meister aus dem 8. Jahrhundert, sagte übrigens, dass er dieser Übertragungslinie angehöre, er war ihr zwanzigster Meister, ausgehend von *Durvasa*, und der neunzehnte, ausgehend von *Durvasas* Sohn, *Tryambaka*. Desgleichen führt *Abhinavagupta* seine Linie auf dieselbe Quelle zurück: „Ehre sei den ersten Meistern, glänzend wie die kostbaren Perlen im Fluss der spirituellen Tradition, der *Tryambaka* seinen Namen gegeben hat."[10]

Shiva kommt in den Veden nicht vor. Den einen zufolge wurden sie zwischen 1700 und 1200 vor unserer Zeitrechnung abgefasst, gemäß

9 Swami Lakshmanjoo, Sivaïsme du Cachemire. Le secret suprême. Les Deux Océans, Paris 1989

10 Lilian Silburn/André Padoux, Tantraloka, Übers. der fünf ersten Kapitel. Institut de civilisation Indienne, Paris 1988

anderer einige Jahrhundert früher und mündlich überliefert bis zu ihrer späteren Aufzeichnung. Folgt man Swami Lakshmanjoo, Alain Daniélou, Ajit Mookerjee und Madhu Khanna, ist die Annahme durchaus möglich, dass der Shivaismus älter als die vedische Tradition ist.

1995 erklären die Indologen Feuerstein, Kak und Frawley die im Zusammenhang mit der vedischen Kultur allgemein anerkannten Daten für überholt. Seit Kurzem ist eine 1900 vor unserer Zeitrechnung erfolgte geologischen Katastrophe in Nordindien offensichtlich geworden, die die Saraswati auf einen kleinen Fluss reduzierte. Das korrespondiert nicht mit der Beschreibung in den Veden, die sie als den majestätischsten aller Ströme betrachten. Die Hymnen sind also vor diesem Datum geschrieben worden. Diesen Indologen folgen heute zahlreiche Experten, die den Ursprung des Rigveda zwischen dem 3. und 4. Jahrtausend vor unserer Zeitrechnung datieren, und beginnen, die Behauptungen von Meistern wie Swami Lakshmanjoo ernster zu nehmen, die ihre Linien bis auf diese weit zurückliegende Vergangenheit zurückführen.

Meine eigene Meisterin, die kaschmirische Yogini Lalita Devi, interessierte sich wenig für diese Debatte und gründete sich auf die einzige Sicherheit, Teil einer lebendigen und mehrere tausend Jahre alten Tradition zu sein.

Es ist wichtig zu verstehen, dass die Kaschmiri einen zyklischen Zeitbegriff haben, der nicht immer mit unserer linearen Auffassung übereinstimmt. Für sie manifestieren sich die Lehren, verschwinden und erscheinen im Lauf der verschiedenen Zeitalter des Universums (den Yugas) wieder.

Der kaschmirische Tantrismus hat zwischen dem 4. und 14. Jahrhundert eine einzigartige Vision der Nicht-Dualität (*Advaita*), des Erschauerns (*Spanda*) und des spontanen Wiedererkennens (*Pratyabhijna*) entwickelt. Wenn man die drei Haupttexte des Shivaismus liest, kann man ihre Tiefe entdecken: Die *Shiva Sutras* von *Vasugupta*, das *Spandakarika* von *Kallata* und das *Pratyabhijnahrdayam* von *Kshemaraja*, diese Texte muss man noch mit dem *Vijnanabhairava Tantra* ergänzen. Es betrifft den Yoga ohne spezifische Positionen, der für die verschiedenen Tantra-Schulen aus Kaschmir typisch war, die doch *Abhinavagupta* zufolge *Asanas*, *Pranayama*, *Bandas* und moralische Befehle ablehnten. Lilian Silburn macht das in ihrer Einführung zum Text von *Abhinavagupta* über die zwölf Kali deutlich: „Der Weg der Energie ist von Anfang bis zum Ende seiner Natur nach mystisch und hat nichts mit den Mitteln der Befreiung zu tun, die Philosophen und Asketen aus Indien predigen: ‘Stadien (Glieder) des Yoga, Mäßigung, Disziplinen, Haltungen’.“[11]

Kamalar Mishra vertritt in seinem Buch *Kashmir Saivism, the central philosophy of tantrism*[12] folgende These: „Die beliebte Theorie vom dravidischen Ursprung, gekoppelt mit der populären Idee, dass die Arier von außerhalb nach Indien gekommen sind und die vedische Tradition der Arier im Widerspruch zur tantrischen Tradition stand, ist nichts anderes als eine großzügige Auslegung der historischen Anthropologie. Etliche Experten haben begonnen, diese Theorie in Zweifel zu ziehen. Die Geschichte des Tantra ist in einer tiefen Dunkelheit vergraben, und wir besitzen nicht die Mittel, um sie mit Gewissheit zu definieren und ihre Umrisse schlüssig hervorzuheben.“[13]

11 Lilian Silburn, Hymnes aux Kali, la roue des énergies divines. Institut de la civilisation Indienne, Paris 1975

12 Kamalar Mishra, Kashmir Saivism, the central Philosophy of Tantrism. Rudra Press, Oregon 1993

13 ebd., S. 13

Bleiben wir also in dieser geheimnisvollen Dunkelheit, in der sich der frühe Shivaismus entwickelt hat. Sie entspricht vollkommen der tantrischen Tradition, obgleich es Theorien gibt, die eine Verbindung zwischen dem frühen Shivaismus und seinem Aufblühen in Kaschmir ab den ersten Jahrhunderten unseres Zeitalters herstellen. Zum Beispiel die Theorie von *Abhinavagupta* im Kapitel 36 seines monumentalen *Tantraloka*[14], die als erste Übertragung der Tantras jene von *Bhairava* an *Bhairavi* betrachtet, das Paar, das die geheimnisvolle und nächtliche Natur von Shiva symbolisiert, dann ging sie von *Rama* an *Lakshmana* und anschließend an die *Siddhas* (die Vollkommenen oder die Exzentriker, wie man sie manchmal nennt), dann von *Davana* an *Guyaka*, dann an die Yogis. Anschließend entwickelt sich die Tradition im Untergrund, was dem Aufkommen des Kali-Yuga, der Zeit der Finsternis, zuzuschreiben ist. Dieses ist gleichzeitig ein Ende und eine Periode, wo man leichter auf das Erwachen warten kann. Die Vollkommenen flohen in die Berge, in die Höhlen, zu den Leichengruben oder zu den verlassenen Orten, um wieder auf dem Berg Kailash zu erscheinen, wo *Durvasa* die Übertragungen erhielt und sie an seine drei Söhne weitergab: *Tryambaka*, *Amardaka* und *Shri Nata*. Aber einzig seine Tochter, *Ardhatryambaka*, war fähig, den Nicht-Dualismus des *Bhairava Tantra* zu verstehen. Sie ist der Ursprung der Linien aus Kaschmir, die während einiger Generationen von Yogini zu Yogini weitergegeben wurde. Sie stehen am Anfang der fünfzehn *Mahasiddhas*, Männer sowie Frauen, die die Tantras bis an *Samgamaditya* übermittelten, der die nichtdualen Tantras seinem Sohn *Arunaditya* auf dem Berg Kailash schenkte. Dieser wiederum übertrug sie seinem Sohn *Ananda*, dem Vater von *Somanandanath*, Gründer der *Pratyabhijna-Schule* und Verfasser der *Shiva Sutras*. Die Übertragung geschah dann von Meister zu Schüler.

14 Abhinavagupta, La Luce delle Sacre Scritture. Tantraloka. Hrsg. und italienische Übers. Raniero Gnoli. Adelphi Edizioni, Mailand 1999, S. 172

Somanandanath übertrug sie an *Utpaladeva*, *Utpaladeva* an *Lakshmanagupta*, einen der Meister des großen *Abhinavagupta*. Ab diesem Zeitpunkt, zu Ende des 9. Jahrhunderts, wurde die Übertragung an die Frauen wiederaufgenommen. Die verlorene oder geheime Bewegung von *Ardhatryambaka* wurde wieder lebendig, bis hin zu *Sahajanandabhairava*, der Lalita Devi, meiner Meisterin, die Übertragung gab.

Wenn man von der Geschichte des Tantrismus spricht, dem kaschmirischen Mahamudra, dem *Dzogchen*, dem *Chan*, dem tibetischen Mahamudra, muss man die westliche Auffassung von „Geschichte" vergessen, um den legendären oder mythischen Ursprüngen Platz zu machen. Die Tantriker aus Kaschmir beziehen sich auf *Shiva Bhairava-Bhairavi*, der *Dzogchen* auf *Vajrasattva*, der *Chan* auf eine mehr oder weniger fiktive Linie, diese geht bis auf Buddha mit seinen Überlieferungen zurück, vor allem zu Beginn, wie es Bernard Faure in *Le bouddhisme Chan en mal d'histoire*[15] vor Augen geführt hat. Das tibetische Mahamudra bezieht sich auf *Vajradhara*. Aber in allen diesen Linien manifestieren sich die historischen Meister ab dem 7. oder 8. Jahrhundert.

Ich habe bereits in meinem Buch *Yoga Spandakarika, the sacred texts at the origin of Tantra*[16] durch zahlreiche aus Unterweisungen dieser Pfade entnommene Beispiele belegt, dass sie aus einer gemeinsamen Grundlage stammen. Kaschmir war ein Paradies, ein Aufnahmeland, das Reisende, Händler, Mystiker, Anhänger des *Chan*, Hindus, Buddhisten von diversen Schulen und später auch die Sufis, in einem großen intellektuellen, poetischen, musikalischen und philosophischen Überschwang gerne durchreisten. Kaschmir war der Platz,

15 Bernard Faure, Le bouddhisme Chan en mal d'histoire. Ecole Française d'Extrême-Orient, Paris 1989

16 Daniel Odier, Yoga Spandakarika, the sacred texts at the origin of Tantra. Inner Traditions Rochester, Vermont, 2005. Übersetzung ergänzt durch einige fundamentale Texte wie das Vijnanabhairava Tantra.

wo die Grenzen des religiösen Rahmens von Yogis und Yoginis während der großen Feiern transzendiert werden konnten, wo es möglich war, in der mystischen Inbrunst alle religiösen Tabus zu vergessen. Kaschmir und der Tantrismus zogen ebenso Brahmanen wie Mönche unterschiedlicher buddhistischer Ausrichtungen an. Sie suchten die Einweihung durch Yoginis mit außergewöhnlichen Kräften, die ihnen auf die direkteste Weise den Zugang zum Herzen des Mahamudra erlaubten. Ein Weg, wo alles vereint und den „Helden" (Vira) vorbehalten war; für diese wurde Kaschmir zum Land der Wahl.

Das Ziel dieses Buchs ist es, die kaschmirische Übermittlung des Mahamudra in der Tiefe zu erforschen, so, wie man sie in den *Shiva Sutras*, dem *Spandakarika*, dem *Pratyabhijnahrdayam* und der kaschmirischen Dichtung, insbesondere bei Lalla, findet und zu zeigen, inwiefern die willkürliche Annektierung der ersten shivaitischen *Mahasiddhas* wie *Saraha* durch die tibetische Doktrin das kaschmirische Mahamudra, den eigentlichen Ursprung, im Dunklen gelassen hat.

Saraha, der erste *Mahasiddha, Atisha, Lakshminkara, Mahasukhasiddhi, Kamalasila, Kanha, Tilopa, Candali, Niguma, Sukhasiddhi, Naropa* sogar *Padmasambhava* und viele andere waren, mehreren Quellen zufolge und aufgrund der Tatsache, dass von den tibetischen Übersetzern Texte verändert worden waren, sehr wohl Kaschmiri oder eng mit der kaschmirischen Tradition verbunden. *Oddiyana*, das Königreich, aus dem *Padmasambhava* und zahlreiche Yoginis wie *Sahajayoginicinta* stammten, war im 8. Jahrhundert Teil des großen Kaschmir, das sich bis zum Tal des Swat, dem heutigen Pakistan, ausdehnte. Das nimmt natürlich nichts von der Schönheit und der Tiefe des tibetischen Mahamudra, des *Dzogchen* und des *Chan*.

In meinen Augen existiert ein anderes, sehr interessantes Element, das den shivaitischen Ursprung der Lehren belegt und sich in den wunderbaren Fresken des geheimen Tempels der Dalai-Lama in Lhasa befindet.[17] Sämtliche Darstellungen der Übermittler des *Dzogchen/Mahamudra* besitzen alle Aspekte von shivaitischen Yogis, dort ist nicht ein buddhistischer Mönch zu sehen. In seinem Begleittext zu diesen Fresken verbindet der Verfasser Ian B. Baker die Tradition des *Dzogchen* sowohl mit dem *Chan* wie mit einer kaschmirischen Übertragung: „Die indigene *Bön*-Tradition führt ihre *Dzogchen* Linie auf die alte Shang Shung-Kultur der Region um den Berg Kailash zurück. [...]. Die Gelehrten haben ebenso verwirrende Übereinstimmungen zwischen den Formulierungen des *Dzogchen* und den Traditionen des *Chan* (Zen) aus China oder dem kaschmirischen Shivaismus festgestellt. [...] Die Äußerung von *Abhinavagupta* im *Tantraloka*, nach der ‚die Befreiung nichts anderes ist als das Bewusstsein seiner wahren Natur', Passagen aus den *Shiva Sutras* wie ‚Verwirf und akzeptiere nichts; verharre in deinem essenziellen Sein, das eine ewige Präsenz ist', sowie die gemeinsame Symbolik von Kristallen und Spiegeln offenbaren die Existenz von wichtigen, wenn auch nicht anerkannten Einflüssen."[18]

Es ist offensichtlich, dass ab dem 8. Jahrhundert shivaitische und buddhistische Tantriker ihre Erfahrungen im Laufe der Feiern, an denen viele Yoginis teilnahmen, teilten und sich an der Tiefe ihrer Erfahrung von einer für Mönche undenkbaren Freiheit nährten. Die meisten wurden von Frauen eingeweiht, doch die monastische Tradition spielte deren Bedeutung herunter oder ignorierte sie total, genauso wie ihre als Shaktismus bezeichnete Bewegung, die auf der Verehrung der *Shakti* ausgerichtet war. Wie André Padoux schreibt: „Die Shakta-Ideologie als ein Ganzes ist mit dem Tantrismus grundlegend verbunden."[19]

17 Ian A. Baker und Thomas Laird, The Dalai Lama's Secret Temples. Thames & Hudson, New York 2005

18 ebd., S. 116

19 Zit. in: Miranda Shaw in: Passionate Enlightenment. Women in Tantric Buddhism. Princeton Univ. Press 1994, S. 32

Niguma, die Gründerin der tibetischen *Shangpa*-Linie – einer ihrer großen Vertreter war mein Meister Kalu Rinpoche – legt die Basis des Mahamudra dar. Als Schwester von *Tilopa*, so sagen einige Quellen, und Gefährtin von *Naropa* (kaschmirischer Brahmane, gemäß dem großen Gelehrten *Taranatha*), und als Meisterin der Yogini *Sukhasiddhi* war sie eine shivaitische *Mahasiddha* aus Kaschmir. Sie wurde zweifellos von den ersten Übersetzern auf eigenwillige Weise bekehrt. *Taranatha* sagt uns in seiner kurzen biographischen Anmerkung, dass *Niguma* in eine brahmanische Familie in Kaschmir geboren wurde, dass sie eine Schülerin von *Lavapa* war und den Regenbogenkörper verwirklichte.[20] Sie gab *Khyungpo Naljor* die Einweihung, sie übertrug ihm die *Sechs Yogas*, die, laut *Naljor*, nur ihr allein und *Lavapa* bekannt sind.

Wende deinen Verstand nicht an,
Sondern verweile in deinem natürlichen, authentischen Zustand.
Dein eigener Geist ist – ohne Schwankungen – die Wirklichkeit.
Der Schlüssel ist dieses Gewahrsein ohne Wellengang.
Erfahre diese große Wirklichkeit jenseits der Extreme!
In einem klaren Ozean steigen Blasen auf und platzen.
Ebenso sind die Gedanken nicht von der höchsten Wirklichkeit
verschieden.
Es gibt keinen Fehler, bleibe entspannt.
Was immer erscheinen mag, was auch geschieht,
Befreit sich unverzüglich in der Nicht-Besitznahme.
Erscheinungen, Klänge, und Gegenstände
Sind dein eigener Geist.
Nichts als Geist.

---

20 Sarah Harding, Niguma, Lady of illusion. Snow Lion Publication, Boulder 2010, S. 1

Der Geist geht über Geburt und Tod hinaus.
Die Natur des Geistes ist Gewahrsein.
Sie nutzt die Objekte der fünf Sinne,
Ohne sich außerhalb der Wirklichkeit zu begeben.
In diesem Zustand räumlichen Gleichgewichts
Ist nichts aufzugeben, nichts zu praktizieren,
Weder Meditation noch Nach-Meditation.[21]

Abhinavagupta geht bei seiner Definition von Mahamudra in dieselbe Richtung: „Stehe von vornherein außerhalb des spirituellen Fortschritts, außerhalb der Kontemplation, außerhalb des gewandten Redens, außerhalb der Suche, außerhalb der Meditation über Gottheiten, außerhalb der Konzentration und des Aufsagens von Texten. Was ist, sag mir, die absolute Wirklichkeit, die keinem Zweifel Platz lässt? Höre gut zu! Höre auf, dich an dieses oder jenes zu hängen und, während du in deiner wahren absoluten Natur verweilst, erfreue dich friedlich an der Wirklichkeit der Welt."[22]

Und Lalla, immer blitzschnell:

Nichts zu betrachten!
Weder dich noch mich,
Weder Gegenstand noch Methode.
Der Schöpfer jeglicher Handlung
Ist jetzt nicht mehr derselbe!
Der Blinde kann es nicht erfassen.
Doch wer mit makellosem Bewusstsein sieht,
Geht, sobald er dies erahnt, im Höchsten auf.

21 Miranda Shaw, a.a.O., S. 88
22 Abhinavagupta, Hymnes. Franz. Übers. Lilian Silburn. Collège de France, Paris 1970

Ich habe mich auf der Suche nach dem Selbst erschöpft.
Wer hätte auch Zugang zu dem Wissen haben können,
Das in der Höhle meines innersten Seins
Schweigend eingerollt lag?
Dort bin ich hineingeglitten
Und habe die von Nektar
Überfließenden Kelche entdeckt,
Aus denen nur wenige trinken.

Lalla

Herz zu Herz 2

Das Herz der Yoginis

Lalita schaute mich lange an, ohne zu blinzeln. „Ich werde dir den *Yoga des Bienenkorbs* übertragen; das ist ein wunderbarer Auftakt zur Integration des *Spanda* beziehungsweise der Vibration. Stelle dir vor, dass du nackt im nachtblauen Raum schwebst. Lasse deinen Atem zur Ruhe kommen, indem du dich auf den Punkt in der Mitte knapp oberhalb des Schambeins konzentrierst. Begleite bei jedem Einatmen die Atembewegung durch die Schlangenbewegung der Wirbelsäule. Die Schlange vereint Himmel und Erde, dein Körper ist der Bindestrich, der sie in der Einheit verbindet. Stelle dir vor, du seist die *Shakti*, Herz, Uterus, *Yoni*. Bei den Visualisierungen ist es wichtig, das Männliche und das Weibliche zu harmonisieren, um die androgyne Natur von *Shiva/Shakti* zu spüren.

Mal dehnt sich deine Haut aus, mal zieht sie sich zusammen. Deine Organe, deine Knochen, deine Muskeln, deine Sehnen folgen dem Atem. Diese Praxis der roten Göttinnen öffnet die subtilen Körperkanäle. Plötzlich erscheint in einigen Metern Entfernung vor deinem Gesicht eine rote Yogini, so groß wie eine Biene. Sie ist durchsichtig, sehr hübsch. Ihr Körper ist wie ein Rubin. Ihre Haare fallen bis auf die Knie herab. Von wildem Aussehen. Ihre Präsenz ist sehr intensiv. Öffne die Augen, schaue mich an!

Die Göttin stürzt sich in einer blitzschnellen Bewegung mit der Gewalt einer Gewehrkugel auf dich. Sie dringt in deine Stirn ein und öffnet einen Kanal, der durch das Herz-Zentrum in der Mitte des Brustkorbs geht. Sie verfolgt weiter ihre Bahn quer durch deinen Körper hindurch und kommt auf der anderen Seite heraus, beim Knie zum Beispiel. Sobald sie draußen auftaucht, verdoppelt die Göttin sich, es sind zwei, sie kommen zu dir zurück, greifen erneut Punkte in deinem Oberkörper an. Sie öffnen zwei weitere subtile Kanäle, die durch das Herz-Zentrum gehen und unten wieder herauskommen. Sie sind zu viert, und es geht in einem sehr intensiven Rhythmus weiter. Acht, sechzehn, zweiunddreißig, vierundsechzig, und du machst immer noch rasend weiter, bis du von einem Schwarm roter Göttinnen umgeben bist, die alle Punkte deines Körpers durchdringen. Eine leidenschaftliche und ununterbrochene Energie!

Dein Körper ist leicht, er öffnet sich, er erschauert – und plötzlich wandelt sich diese unbändige Energie. Die Göttinnen beruhigen sich, sie kommen aus dir heraus, sie sind nur noch Sanftheit, sie entfernen sich von deinem Körper und bilden eine erschauernde Kugel rund um dich herum.

Dein ganzes Sein beruhigt sich, es nährt sich von der Liebe der Göttinnen. Eine tiefe Glückseligkeit ergreift von dir Besitz. Du rufst nach den roten Göttinnen, sie mögen Wohnung in dir nehmen. Sie antworten dir, nähern sich langsam. Jede lässt sich in einer der Waben deiner subtilen Kanäle nieder. Sie legen sich in dich hinein, mit den Füßen in Richtung deines Herzens, direkt unter der Haut. Du wirst wie ein Bienenkorb, das Herz ist die Königin, die *Shakti*. Die Göttinnen tanzen *Tandava* im Liegen, auf so zarte Weise, dass dein ganzes Wesen im nachtblauen Raum tanzt. Ihre Bewegungen werden immer sinnlicher und verbreiten in dir eine intensive und feine Energie. Du bist so leicht, dass du in den Raum hinauffliegen könntest!

Die Göttinnen, von der Intensität des Begehrens erfasst, verspüren einen intimen Orgasmus, der aus ihrer *Yoni Amrita*, die himmlische Essenz des Herzens, hervorquellen lässt. Als Mondflüssigkeit fließen hunderte von haarfeinen Bächen in deinen subtilen Kanälen auf dein Herz zu. Die himmlische Essenz der Göttinnen trägt zu deinem Erschauern bei. Die Bäche treffen sich in deinem Herzen und bilden einen leuchtenden Fluss vom Umfang deines Handgelenks. Der Fluss fließt langsam in der Mitte deines Körpers hinunter, er geht durch die Organe, das Zwerchfell, die Eingeweide, in deinen Uterus hinein und erfüllt ihn mit Licht. Wenn du diese Praxis unterweist, ist es ganz wichtig, dass sich die Frauen immer im Besitz all ihrer Organe visualisieren, der Mensch heilt nur, wenn er in seiner Gesamtheit gesehen wird. Der leuchtende Strom geht durch die *Yoni* hindurch und kommt aus deinem Körper heraus, in den nachtblauen Raum hinein. Er teilt sich in vielfache leuchtende Punkte und bildet die Milchstraße. Sie kommt aus dir heraus und beginnt einen Ring aus Licht zu bilden, der dich umgibt und dabei vor dir, über dir und hinter dir entlanggeht. Die Göttinnen hören in ihrem unendlichen Orgasmus nicht auf, ihren köstlichen Nektar zu produzieren, und nähren die Königin des Herzens.

Wenn die Milchstraße unterhalb von dir ankommt, hören die Göttinnen auf, ihren Nektar zu produzieren. Der Lichtfluss kommt aus dir in dem Moment heraus, wo die Sterne auf ihn treffen. Du verweilst im Zentrum des nachtblauen Raums und betrachtest, wie die Milchstraße sich um dich dreht. Das Universum und die ganze Wirklichkeit tauchen aus der unendlichen Räumlichkeit deines eigenen Herzens auf. Dieses Herz hat keinen Mangel, keine Hoffnung, es ist ständig von den Göttinnen genährt. Es ist Raum, es ist die Quelle der Lehren des Mahamudra, die dich unablässig zu deiner eingeborenen Natur zurückführen. Da ist nichts Anderes zu realisieren: Du bist Mahamudra.

PHAT!“

Die Stimme von Lalita veränderte sich für jede Übertragung der Texte. Manchmal murmelte sie sie auf meine Lippen, manchmal zu meinem Herzen hin. Ich hatte den Eindruck, dass verschiedenc Yoginis der Linie durch sie sprachen.

„In den Eröffnungsversen vom *Spandakarika* weist *Kshemaraja* darauf hin, dass „dieser Held, der Herr des *Kaula*, durch die Yoga-Praxis den Nektar befreit, der in jedem fest durch Mahamudra gehaltenen Menschen funkelt. Da die Fesseln der Anstrengung vernichtet sind, fließt er in den Ozean des Bewusstseins. Durch den inneren Mund ausgekostet, verleiht er vollkommene Glückseligkeit.“[23]

1. Die verehrte *Shankari (Shakti)*, Quelle der Energie, öffnet ihre Augen, und das Universum löst sich in reinem Bewusstsein auf; sie schließt sie, und das Universum zeigt sich in ihr.

2. Das Erschauern – als ureigenster Ort der Schöpfung und der Rückkehr – ist frei von jeder Grenze, denn seine Natur ist frei von jeder Form.

3. Sogar im Schoß der Dualität taucht der Tantrika bis zur nicht-dualen Quelle; denn die reine Subjektivität bleibt immer versunken in die eigene Natur.

4. Alle relativen, an das Ego gebundenen Begriffe finden ihre friedvolle Quelle wieder, die zutiefst vergraben ist unter verschiedenen Beschaffenheiten.

---

23 Mark S. G. Dyczkowski, The Stanzas of Vibration. SUNY Press, Albany 1992, S. 61

5. Im absoluten Sinn sind Freude und Leid, Subjekt und Objekt nichts anderes als der Raum des tiefen Bewusstseins.

6./7. Diese grundlegende Wahrheit zu erfassen, bedeutet, überall die absolute Freiheit zu sehen. So hat die Bewegung der Sinne selbst ihren Sitz in dieser grundlegenden Freiheit und ergießt sich aus ihr.

8. Also entrinnt derjenige, der das wesentliche Erschauern des Bewusstseins wiederfindet, der Verfinsterung des begrenzten Begehrens.

9. Dergestalt befreit von der Vielzahl der ans Ego gebundenen Impulse, erfährt er den höchsten Seinszustand.

10. Also erfasst das Herz, dass die wahre, angeborene Natur zugleich die universal wirkende Kraft ist und die Subjektivität, welche die Welt wahrnimmt. So in die Erkenntnis eingetaucht, weiß es und handelt nach seinem Begehren.

11. Wie könnte dieser entzückte Tantrika, der immer wieder zu seiner ureigenen Natur als Quelle jeglicher Manifestation zurückkehrt, der Seelenwanderung unterworfen sein?

12. Könnte die Leere ein Objekt der Kontemplation sein, wo dann wäre das Bewusstsein, das sie fürchten würde?

13. Betrachte also die Kontemplation der Leerheit als künstlich und von vergleichbarer Natur mit jener einer tiefen Abwesenheit von der Welt.

14./15./16. Handelnder und Handlung sind vereint, aber wenn die Handlung sich durch Vernachlässigung der Früchte des Tuns auflöst, erschöpft sich eben die an das Ego gebundene Dynamik, und der Tantrika, zutiefst versunken in diese Kontemplation, entdeckt das von der Bindung an das Ego befreite Erschauern. Die tiefe Natur der Handlung ist also offenbart, und derjenige, der die Bewegung des Begehrens verinnerlicht hat, wird keine Auflösung mehr erfahren. Er kann nicht aufhören zu existieren, denn er ist zur tiefen Quelle zurückgekehrt.

17. Der erwachte Tantrika verwirklicht dieses kontinuierliche Erschauern durch die drei Seinszustände hindurch.

18. *Shiva* ist dann in liebender Vereinigung mit der *Shakti* in der Form des Wissens und seines Gegenstandes, während er überall anderswo sich als reines Bewusstsein offenbart.

19. Die gesamte Palette der verschiedenen Arten des Erschauerns findet ihre Quelle im universellen Erschauern des Bewusstseins und rührt so an das Sein. Wie könnte ein solches Erschauern den Tantrika begrenzen?

20. Dennoch verursacht dieses Erschauern selbst den Untergang der Menschen, die einer begrenzten Sicht unterworfen sind, denn wenn ihre Einsicht von der tiefen Quelle abgetrennt ist, werfen sie sich in den Strudel der Seelenwanderung.

21. Wer mit Inbrunst auf das tiefe Erschauern gerichtet ist, rührt an seine wahre Natur, sogar mitten in der Aktivität.

22. Das tiefe und beständige Erschauern kann in Extremzuständen erreicht werden: Im Zorn, in intensiver Freude, im mentalen Umherirren oder im Überlebensdrang.

23./24. Wenn sich der Tantrika *Shiva/Shakti* überlässt, steigen Sonne und Mond im zentralen Kanal auf.

25. In diesem Moment, wenn Sonne und Mond im Himmel verschwinden, bleibt der Erwachte klaren Geistes, wohingegen der gewöhnliche Mensch in trüber Unbewusstheit verharrt.

26./27. Wenn die Mantras mit der Kraft des Erschauerns geladen sind, erfüllen sie ihre Funktion durch die Sinne des Erwachten hindurch. Sie vereinigen sich mit dem Geist des Tantrika, der die Natur von *Shiva/Shakti* durchdringt.

28./29. Jedes Ding taucht aus der individuellen Essenz des Tantrika auf, der sich in Shiva/Shakti wiedererkennt. Alles, was ihn erfreut, ist *Shiva/Shakti*. So gibt es keinen Zustand, der einen Namen trüge, der nicht *Shiva/Shakti* wäre.

30. Indem der Tantrika der Wirklichkeit, die er als Spiel seiner eigenen Natur erkennt, immer gewahr ist, ist er inmitten des Lebens selbst befreit.

31. Durch die Intensität des gegenstandslosen Begehrens erscheint im Herzen des Tantrika, der eins ist mit dem tiefen Erschauern, die Kontemplation.

32. Damit gelangt er zum höchsten Nektar, der Unsterblichkeit des *Samadhi*, die dem Tantrika seine eigene Natur offenbart.

33./34. Die glühende Sehnsucht nach *Shiva/Shakti*, die das Universum bezeugt, schenkt dem Tantrika Erfüllung. Im Verlaufe des Traums erscheinen Sonne und Mond in seinem Herzen, und alle seine Wünsche werden erhört.

35. Aber wenn es ihm an Gewahrsein fehlt, wird der Tantrika vom Spiel der Manifestation getäuscht, und er wird den illusorischen Zustand des Strebenden durch Wachen und Schlafen hindurch kennenlernen.

36./37. So wie ein Gegenstand, welcher der Aufmerksamkeit entgeht, klarer wahrgenommen wird, wenn man sich bemüht, ihn klarer zu umfassen, so erscheint dem Tantrika das höchste Erschauern, wenn er es voller Inbrunst anstrebt. Auf diese Weise stimmt sich alles auf die Essenz seiner wahren Natur ein.

38. Sogar in einem Zustand äußerster Schwäche wird ein solcher Tantrika zur Erfüllung kommen. Sogar ausgehungert wird er seine Nahrung finden.

39. Mit der Erkenntnis des Herzens als einziger Stütze ist der Tantrika allwissend und mit der Welt in Harmonie.

40. Ist der Körper/Geist von Entmutigung zerschlagen, die dem Nichtwissen geschuldet ist, wird nur die Ausdehnung des Bewusstseins über alle Grenzen hinaus seine Mattigkeit zerstreuen, deren Ursprung dann verschwunden sein wird.

41. Die Offenbarung des Selbst geschieht plötzlich jenem, der nurmehr absolutes Begehren ist. Möge jeder die Erfahrung machen.

42. Währenddessen das Licht, der Ton, die Form und der Geschmack denjenigen fesseln, der noch an das Ego gebunden ist.

43. Wenn der Tantrika jegliches Ding mit seinem absoluten Begehren durchdringt, wozu dienen dann Worte? Er erfährt es von allein.

44. Möge der Tantrika gewahr bleiben, mit wachsam in der Wirklichkeit ausgebreiteten Sinnen, und möge er so die Stabilität erfahren.

45. Wer seiner Kraft durch die dunklen Mächte begrenzter Aktivität beraubt ist, wird zum Spielball der Energie der Töne.

46. Ist der Mensch im Feld der subtilen Energien und der mentalen Vorstellungen gefangen, löst sich die höchste Ambrosia auf, und er verliert seine eingeborene Freiheit.

47. Die Macht des Wortes ist immer bereit, die tiefe Natur des Selbst zu verschleiern, denn keine mentale Veranschaulichung kann sich von der Sprache losmachen.

48. Wenn die Energie des Erschauerns durch einen gewöhnlichen Menschen hindurchgeht, knechtet sie ihn, während dieselbe Energie den auf dem Weg Befindlichen befreit.

49./50. Der feinstoffliche Köper selbst ist eine Fessel, die an die begrenzte Intelligenz und an das Ego gebunden ist. Der geknechtete Mensch macht Erfahrungen, die an seine Überzeugungen gebunden sind und an die Vorstellung, die er sich von seinem Körper macht, und gerade dadurch macht er die Bindung dauerhaft.

51. Doch wenn der Tantrika sich im Erschauern der Wirklichkeit niederlässt, befreit er das Fließen der Manifestation und des Rücklaufs und erfreut sich so an der universellen Freiheit als Meister des Rades der Energien.

52. Ich verehre die spontane, erschauernde und wunderbare Rede meines Meisters, die mich den Ozean des Zweifels hat durchqueren lassen.

Möge dieses Juwel des Wissens alle Wesen dahin führen, dass sie die wahre Natur der Wirklichkeit berühren und im Tiefsten ihres Herzens bewahren."[24]

---

24 Englische, nicht veröffentlichte Version von Lalita Devi. Franz. Übers. Daniel Odier

Ist die Sonne untergegangen, zeichnet sich der Mond ab.
Ist der Mond verschwunden, verweilt das Bewusstsein.
Ist das Bewusstsein gegangen, bleibt die Räumlichkeit.
Die drei Gesänge – Erschauern des Lebens,
Heilige Freiheit und Glückseligkeit: Sie lösen sich darin auf.

Lalla

Die kaschmirischen Quellen des Mahamudra

Die tantrische Tradition aus Kaschmir hat sich im Laufe der ersten Jahrhunderte unseres Zeitalters entwickelt, die ältesten Tantras stammen aus dieser Zeit. Manchmal sind sie einige Jahrhunderte älter. Ein essenzieller Text, der mit einer großen Genauigkeit die tantrische Praxis definiert und zu einer der ältesten Abhandlungen des Yogas gehört, ist das *Vijnanabhairava Tantra*, das Tantra der höchsten Erkenntnis, das aus einem anderen, nach *Abhinavaguptas* Einschätzung noch älteren Tantra hervorgegangen ist, dem heute verschollenen *Rudrayamala*. Wenn man versucht, diese ersten Texte zu datieren, ist es wichtig, das Datum der schriftlichen Niederlegung hervorzuheben, beim *Vijnanabhairava* die ersten Jahrhunderte unserer Zeitrechnung, und zu verstehen, dass diese Texte mündlich, von Meister zu Schüler auf die Lippen gemurmelt, weitergegeben wurden, und dass diese Übermittlung der schriftlichen Abfassung um einige Jahrhunderte oder noch mehr vorausgehen konnte. Es gibt weitere frühe Tantras, die mit den *Pashuptas*, den *Kapalika*, den *Naths* zusammenhingen. Das waren tantrische Gruppen, die sich zu Beginn unserer Zeitrechnung entwickelten und den höchsten Weg praktizierten, den sie *Atiyoga* nannten, ein Begriff, der später vom *Dzogchen* übernommen wurde. Man kann die Aufzeichnung der ältesten Tantras zwischen dem 3.

Jahrhundert vor unserer Zeitrechnung und dem 5. Jahrhundert unserer Zeitrechnung ansiedeln. Doch muss man die große kaschmirische Linie abwarten, die im 8. Jahrhundert mit *Vasugupta* beginnt, um Kommentare zum *Vijnanabhairava Tantra* und anderen frühen Texten zu erhalten. Die kaschmirische Linie übertrug sich von *Vasugupta*, dem Verfasser der *Shiva Sutras*, an *Kallata*, den Verfasser des *Spandakarika*, das eine Verdeutlichung der Sutras ist. Die Übertragung geht über *Utpaladeva*, *Lakshmanagupta*, den Meister von *Abhinavagupta*, der wiederum an *Kshemaraja* übertrug. Diese Linie, die vom 8. bis zum 11. Jahrhundert geht, wird uns nach dem *Vijnanabhairava*, das zu Beginn unseres Zeitalters geschrieben wurde, die wichtigsten Texte des Tantrismus aus Kaschmir schenken:

- Das *Kaulajnananirnayatantra* von *Matsyendranath*, 7. oder 8. Jahrhundert, in Assam geschrieben.

Folgende Texte bilden ein Ganzes:

- Die *Shiva Sutras* von *Vasugupta*, erste Hälfte des 9. Jahrhunderts
- Das *Spandakarika* von *Vasugupta* oder seinem Schüler *Kallata*, 9. Jahrhundert
- Das *Pratyabhijnahrdayam* vom *Kshemaraja*, 10. Jahrhundert.

Diese drei letzten Texte sind eng miteinander verbunden und entwickeln sich wie aufeinander folgende Vertiefungen der *Shiva Sutras*. Sie grenzen zudem die Praktiken voneinander ab: Die Wiedererkenntnis des *Spanda*, das mit der *Shakti* gleichgesetzt ist, wo alles als Bewusstsein und Vibration betrachtet wird, und das *Pratyabhijna*, die Wiedererkenntnis des Selbst. Es fehlt jedoch ein viertes Element von größter Wichtigkeit, das durch die Vermittlung von *Mahasiddha Mat-*

syendranath aus Assam kam: der *Kaula*-Pfad. Er wird in den kaschmirischen Tantrismus durch *Abhinavagupta* integriert, dieser hat *Matsyendranath* so hochgeschätzt, dass er sein *Tantraloka* mit einer Hommage an ihn beginnt. *Matsyendranath* lebte wahrscheinlich im 7. oder 8. Jahrhundert. Er ist der Begründer des *Yogini-Kaula*-Pfads, den er in *Kamarupa* lehrte. Er begab sich mehrmals nach Kaschmir, um dort den *Kaula*-Pfad zu übermitteln, und gründete tantrische Gemeinschaften, während er Nepal der ganzen Länge nach durchquerte. Er starb im Tal von Kathmandu, dort ist in Patan eine Säule zu sehen, die zu seinem Gedächtnis aufgerichtet ist und ein Tempel, in dem er wohnte. Er ist der Verfasser des *Kaulajnananirnaya-Tantra*, das den *Kaula*-Pfad erläutert, und vor den *Shiva Sutras* entstanden ist. Es handelt sich um einen Schlüsseltext, der genau zeigt, wie die frühen Elemente des Tantra mit seinen magischen, alchemistischen Praktiken und der Suche nach *Siddhis*, okkulten Kräften, die in diesem Tantra noch gegenwärtig sind, den Weg zu einer wesentlich philosophischeren und absoluteren Sichtweise geebnet haben, die die großen Kaschmiri ausmacht.

Diese Texte definieren also die unterschiedlichen kaschmirischen Schulen, die durch die umfassende und überwältigende Vision von *Abhinavagupta* vereint werden sollten:

- *Krama*
- *Spanda*
- *Pratyabhijna*
- *Kaula*

Der *Krama*-Pfad kann als stufenweise erfolgender Ansatz betrachtet werden: Durch Yoga-Disziplin, Mantras, Mandalas, Rituale, die Stabilisierung des Atems und als ein Übergang zur Schmucklosigkeit des *Spanda*-Pfads (Vibration), der den dynamischen Aspekt des Bewusstseins in den Vordergrund stellt. Der *Pratyabhijna*-Pfad hingegen vertritt den absoluten Verzicht auf Praktiken sowie die Wiedererkenntnis des Selbst, die die Gesamtheit der Phänomene umfasst. Durch die Vereinigung von *Shiva* und *Shakti* fügt der *Kaula*-Pfad der Wiedererkenntnis des Selbst leidenschaftliches Aufwallen hinzu; und er empfiehlt den Verstoß gegen die brahmanischen Verbote, die fünf „M“: *Madya* – Alkohol, *Mamsa* – Fleisch, *Mudra* – Körner, *Matsya* – Fisch, *Maithuna* – die sexuelle Vereinigung. Die Kaschmiri, wie Lalla, wählen für sich meist nur Wein, Fleisch und die sexuelle Vereinigung. Dieser Verstoß wird „Pfad zur Linken Hand“ genannt, *„vamamarga“*. Oder in einem tieferen Sinn „Pfad der Shakti“, denn „vama“ bedeutet auch das Weibliche, die *Shakti*. Ist dieses Verständnis vorhanden, wird es leichter zu begreifen sein, warum sich die Tantriker dieses Weges rühmen, ist doch die *Shakti* ein Begriff, in dem die ganze tantrische Dynamik seit ihren Ursprüngen gegründet ist. Die große Dichterin und Meisterin des 14. Jahrhunderts, Lalla, bringt es in einem ihrer Gedichte zum Ausdruck:

> Auf, Königliche Frau,
> Bereit, Wein, Fleisch und Sinnesfreuden zu verschenken!
> Wenn du den höchsten Zustand kennst,
> Ist alles vereint im Herzen der Ganzheit.
> Feiere dies gemeinsam
> Mit anderen Tantrikern, denn so
> Verherrlichst du den Pfad zur Linken Hand!

Vor diesem Hintergrund ist es einfach zu verstehen, dass der Tantrismus eine solche Anziehung auf die Brahmanen und die buddhistischen Mönche ausgeübt hat, deren Gelübde und Tradition den gesamten weltlichen Freuden unzählige Grenzen setzten. Man begreift die magnetische Anziehungskraft dieser Feste, wo die Yoginis ihre unvorstellbare Freiheit offen zeigten. Sie verquickten dabei Künste, Tanz, Dichtung, Musik, die sexuelle Vereinigung, die bloße Kraft der Wiedererkenntnis des Selbst und konzeptuelle, religiöse, moralische, und dogmatische Grenzenlosigkeit, und das zum Preis einer äußerst schwierigen *Sadhana*, die sie in der Einsamkeit und an Orten mit mächtigen und erschreckenden Energien lebten. Diese Erfahrungen sind schwerlich vereinbar mit religiösen Gelübden, den sozialen Unterscheidungen des Kastenwesens, der Arroganz der Gelehrten, allem, was von *Sahajayoginicinta, Niguma, Candali, Sukhasiddhi, Saraha, Abhinavagupta, Utpaladeva, Lalla, Kshemaraja* und den anderen kaschmirischen Dichtern angeprangert werden sollte, von den Philosophen und Praktizierenden. Deren Leitidee beinhaltete, dass alles in der Einheit vom Körper des Praktizierenden mit dem Kosmos aufgenommen ist, nichts ist unrein – schließlich ist alles *Shiva/Shakti* – und, dass es nichts zu verwandeln, zu transzendieren und zu reinigen gibt.

Um die unterschiedlichen Sichtweisen zwischen den puritanischen, religiösen Ansätzen und dem tantrischen Ansatz besser zu verstehen, muss man die beiden Konzepte von Wirklichkeit und ihren Auswirkungen begreifen. Für den Hinduismus ganz allgemein und für die Mehrzahl der buddhistischen Wege – vom *Chan* abgesehen – ist die Wirklichkeit illusorisch; jener, der sie wahrnimmt, ist illusorisch. Die hier empfohlene Suche gilt logischerweise der Loslösung, dem Nicht-Selbst, der Aufgabe von Begehren und Emotionen, der körperlichen Beschmutzung und der Reinigung. Wenn, im Gegensatz dazu, die Welt als wirklich gesehen wird, wie es bei den Tantrikern und im *Chan* der Fall ist, besteht der Weg darin, die Gesamtheit des sensorischen und emotionalen Felds zu integrieren, das Begehren als grundlegende

Dynamik des Menschen anzuerkennen und es wie einen Drachen zu reiten, der den unendlichen Raum durchquert. Die Shivaiten betrachten das Begehren als absolute Bewegung und nicht als Ausdruck von Willen oder Mangel, was die Sicht der nicht aufgeklärten Menschen ist. Beide Ansätze ergeben sich aus der Vision der Wirklichkeit und bieten Anlass für zwei grundsätzliche Konzepte: Das Nicht-Selbst für die ersten und das Selbst für die Tantriker.

Ich, Lalla, bin in meinem Herzen
Durch das Gartentor gegangen.
O Freude! Ich habe Shiva und Shakti
In ihrer Umarmung berührt,
Und habe Nektar getrunken
Am See ihres Entzückens.
Lebendig, tot für die Welt, lebendig!

Lalla

Herz zu Herz 3

Die Natur des Geistes

Lalita zeigte mir einen Bergkristall, der auf ihrer dunklen Hand lag. Seine Spitze war kantig geschnitten, er hatte fünf Seiten und ließ an den Berg Kailash denken. Er funkelte, ich betrachtete ihn schweigend.

„Verstehst du?"

„Die Herz/Geist Natur?"

„Manchmal sind Symbole stärker als Worte, um direkt zum Urzustand zu führen. Sobald du zweifelst, erinnere dich an diese direkte Unterweisung. Ich habe dir deinen eigenen Herz/Geist in seiner räumlichen Nacktheit gezeigt. Was ist das Selbst? Der erste Vers der *Shiva Sutras* bestätigt: „Das Selbst ist das Bewusstsein." Der neunte Vers: „Das Selbst ist der Tänzer." Der neunundzwanzigste: „Die Kenntnis des Selbst ist die Gabe." Das Selbst ist *Shiva/Shakti*. In den Versen über die Erkenntnis bestätigt *Utpaladeva*: „Es ist unser Selbst, dasjenige aller Wesen, welches der große Herr ist, eines, von einer Form, voll von ungeteiltem Bewusstsein. Ich bin Es." *Utpaladeva* präzisiert: „Das wissende Subjekt wird Herr genannt, wenn die Dinge ihm als seine eigenen Glieder erscheinen. Es wird geknechtet genannt, von den Konsequenzen der Handlungen, Leidenschaften und anderem beschmutzt, wenn die Dinge ihm als getrennt erscheinen."[25] Die Göttin Tripura sagt, die Befreiung sei nichts anderes als die Auflösung der Knoten, die die Menschen gefangen halten. Das Selbst ist unendliche Freiheit. Das Selbst ist der nicht gespaltene Herz/Geist. Das Bewusstsein wird auch *Mahadvaya* oder die Große Einheit, die Dualität und Nicht-Dualität umhüllt, genannt. Das *Pratyabhijna* sagt alles über das Bewusstsein:

„Durch seine eigene freie und spontane Bewegung offenbart das absolute Bewusstsein das Universum, erhält es und nimmt es wieder in sich auf.

Das Bewusstsein hat die Macht, die Wirklichkeit ihrem eigenen Spiegelbild gegenüber zu entfalten.

Die illusorische Vielfältigkeit des Universums erscheint durch das Verhältnis von Subjekt und Objekt.

Der Experimentator, dessen Bewusstsein verzerrt ist, nimmt das Universum in seiner verzerrten Form wahr.

Das absolute Bewusstsein wird zum individuellen Bewusstsein durch eben diese Verzerrung. Sie wird durch die Objekte des Bewusstseins hervorgerufen.

Das individuelle Bewusstsein ist das absolute Bewusstsein.

Aber wenn das Bewusstsein dual erscheint und diese Dualität mit dem Schleier der Illusion verdeckt ist, splittert sich das Bewusstsein erneut auf und nimmt die Form der fünfunddreißig *Tattvas* an.

So erscheinen alle philosophischen Standpunkte wie vom absoluten Bewusstsein gespielte Rollen.

25 Utpaladeva, Les stances sur la reconnaissance du Seigneur avec leur gloses. Franz. Übers. und Kommentare David Dubois. L'Harmattan, Paris 2005, S. 32

Wenn das Wissen, das Verlangen, der Raum, die Zeit und die Kraft der Verwirklichung durch das individuelle Bewusstsein begrenzt sind, so ist die *Shakti* begrenzt.

Aber selbst in seinem verdunkelten Zustand ist das begrenzte Selbst von absoluter Natur.

Das Selbst offenbart alle Hindernisse, genießt sie, macht sie räumlich, befruchtet und löst sie auf. Das ist die Sicht der Yoginis und der Yogis.

Seelenwanderung, das heißt, in der Illusion der Trennung zu sein und die Sicht der *Siddhas* nicht zu erkennen.

Öffnet man sich diesem Wissen, wird das begrenzte Selbst zum absoluten Selbst. Das Feuer des höchsten Wissens brennt. Es verzehrt jegliches aufgesplitterte Wissen und jedes Objekt.

Diese Macht der Erkenntnis der wirklichen Natur des Universums schließt jegliches Ding mit ein.

Glückseligkeit zu erlangen, heißt, zu erkennen, dass das absolute Wissen unsere wahre Natur ist.

Die Herzensmitte zu öffnen, ist die Glückseligkeit des Geistes.

Der Yoga wird praktiziert durch die Konzentration auf das Herz, durch die Rückkehr der mentalen Gebilde und Wahrnehmungen in den Raum, durch die fortwährende Wahrnehmung der Räumlichkeit, die unter den Gebilden und Wahrnehmungen liegt, das konstante Erschauern der Kundalini, durch das *Samadhi* in der Wirklichkeit, durch die stetige Rückkehr zum Unausgesprochenen über Atem und Mantras, durch das Fließen des Atems zwischen den Herzen.

Innere Erfahrung und Wirklichkeit gehen ineinander auf, so ist das *Samadhi* endlich dauerhaft verankert.

Dann wird man in das höchste Selbst gegründet, die Essenz des Bewusstseins, der Autonomie und Glückseligkeit. Die gesamte Wirk-

lichkeit geht vom absoluten Selbst aus und wird von ihm aufgenommen. *Shivas* Natur ist verwirklicht."[26]
Lalita schaute den Himmel an, die Nacht nahte.

„Das ist der ideale Moment, um den Vers des *Vijnana* über die Betrachtung des Himmels zu praktizieren. Lege dich hin, mit geöffneten Beinen und Armen: „Ist dein Blick ohne Lidschlag auf einen ganz klaren Himmel gerichtet, löst sich die Spannung mit dem Blick auf, dann wirst du die wundervolle Beständigkeit *Bhairavas* erreichen.""[27]

26 Pratyabhijna, nach der nicht veröffentlichten Version von Lalita Devi. Franz. Übers. Daniel Odier
27 Daniel Odier, Tantra Yoga. a.a.O., Vers 84

Gibst du alle tantrischen Praktiken auf,
bleibt nur das Erschauern des OM.
Ist der Klang verschwunden, bleibt das Denken.
Ist das Denken weg, dann ist nichts mehr getrennt.
Die Leere kehrt zurück zum vibrierenden Raum
Des reinen Bewusstseins des Selbst.

Lalla

Leidenschaftlich rot, Kaula

Abhinavagupta beginnt sein monumentales *Tantraloka*, das Licht der Tantras, mit einer Hommage an *Matsyendranath.*

In Assam geboren, begab sich dieser nach Kaschmir, um den *Kaula*-Pfad, der im „Tantra der Großen Befreiung“ gepriesen wird, zu lehren: „Ich kenne kein höheres Dharma, als das Dharma des *Kaula*, durch die Bejahung der Tatsache, dass der Mensch das göttliche Wissen von Grund auf kennt. Ich sage dir die Wahrheit, oh Devi! Bewege sie in deinem Herzen und hege sie. Es gibt keine Lehre, die der Lehre des *Kaulika*, der hervorragendsten von allen, überlegen wäre. Es ist der höchste Weg, wegen der Unmenge an *Pashu*[28] verborgen gehalten, doch wenn das Zeitalter der Kali vorangeschritten ist, wird dieser Weg offenbart (...). Wenn die Fruchtbarkeit der Erde verschwunden ist und die Ernten gering ausfallen, wenn die Wolken wenig Regen bilden und die Bäume magere Früchte geben, dann wissen wir, dass das Zeitalter der *Kali* mächtig geworden ist. [...] Aber das Zeitalter der *Kali* kann diejenigen nicht verletzen, die ohne Arg, Neid, Scheinheiligkeit und Hass sind und die einen starken Glauben in die Lehren des *Kaula* haben.“[29] *Abhinavagupta* (950-1020) schreibt im siebten Vers des *Tantraloka*: „Möge mir *Matsyendranath* wohlgesinnt sein, er, der das rotglühende Netz der

28 „benommene Herde“, sh. Gesang des Saraha

29 Arthur Avalon, The Tantra of Great Liberation. Ganesh & Co, Madras 1985, S. 74-75

Illusion zurückgedrängt hat, seine Knoten, seine Löcher, die allerorts aufgespannt waren."[30]

Man kann also annehmen, dass Matsyendranath nahezu ein Zeitgenosse von *Padmasambhava* (717 -762) war, vielleicht ging er jenem, der den *Dzogchen* nach Tibet gebracht hatte, um einige Jahrzehnte voraus; Doch gibt es eine andere, von den meisten Kommentatoren vernachlässigte Quelle. Diese ist früher und stammt aus der gleichen Zeit wie der kaschmirische Shivaismus und wie der *Chan* der Tang-Dynastie (590-618), dessen Meister die Prinzipien des Mahamudra und des *Dzogchen* bereits klar zum Ausdruck gebracht haben. Man weiß, dass Kaschmir häufig von chinesischen Pilgern besucht wurde, die den Weg über dieses Land einschlugen, um die berühmten Stätten des Buddhismus zu besuchen. Vom 4. Jahrhundert an gab es offensichtlich eine Wanderbewegung des Wissens in die umgekehrte Richtung. *Kumarajiva* (334-413), der große Übersetzer der buddhistischen Regel, dient dafür als berühmtes Beispiel.

Kaschmir war zu dieser Epoche ein Ort der Begegnung und des Austauschs, aber es wurde vor allem wegen der Anwesenheit der Yoginis aufgesucht, die durch ihre Kraft der Verwirklichung jegliches dogmatische oder religiöse Denken auflösten. Das war der Ort, wo moralische Strukturen, Gelübde und Grenzen für eine rein mystische Suche aufgegeben wurden, welche die Ausrottung der Konventionen voraussetzte. Die Geschichte von *Saraha*, *Naropa* und anderen hervorragenden Meistern bedeutet immer den Verzicht auf eine Stellung von Rang und auf ein Wissen, die beide angesichts der Gegenwart einer Kraft, nämlich der Yogini, zu Bruch gehen. Sogar die tibetischen Quellen, die die kaschmirischen Lehren für den Fortbestand der Mönchskaste anpassen mussten, indem sie, soweit es ging, die

30 Abhinavagupta, La Luce delle Sacre Scritture. a.a.O.

Yoginis verschwinden ließen, in deren Nähe die etablierten Meister ihr Wissen explodieren sahen, erkennen an, dass *Padmasambhava, Saraha, Tilopa, Niguma* und *Sukhasiddhi* Kaschmiri waren.

631 reist *Hsuan Tsang*, ein chinesischer Pilger, durch Kaschmir. Der erste tibetische König begibt sich 616 zum Studium dorthin. Es ist also unvorstellbar, dass die Anhänger des *Chan*, die das *Vijnanabhairava* Tantra sehr schätzten, ihre Vision von der „absoluten Natur", die man im Herzen der Übermittlung des Mahamudra wiederfindet, nicht geteilt hätten. Man weiß auch, dass die *Nyingmapa* dieses chinesische Erbe bewahrt und in ihre Praxis integriert haben. Das brachte ihnen zahlreiche Verfolgungen durch die Dalai Lamas ein, die selbst heimlich *Dzogchen* praktizierten. Man weiß ebenfalls, dass die Tantras vor dem Buddhismus entstanden sind. Es ist also vordringlich, den shivaitischen *Siddhas* wieder den Platz einzuräumen, der ihnen bei der Entwicklung des Mahamudra zusteht, und die Einverleibung ihrer Tradition durch die ersten Kommentatoren, tibetische Übersetzer, aufzudecken. „Im 2. Jahrhundert führte Kaiser *Kushana Kanishka* eine Reform des Buddhismus auf der Grundlage der Auffassung des tantrischen Shivaismus durch. In einem großen Konzil, das im Kaschmir versammelt war, wurden die Regeln dieses neuen Buddhismus festgelegt, es ist ein verkappter, gewichtiger Shivaismus, und er wird *Mahayana* (das große Fahrzeug) genannt. Diese Synthese war vor allem das Werk von *Ashvaghosha*, ein zum Buddhismus konvertierter Hindu. Das *Mahayana* breitete sich vor allem in Tibet aus, wo wir zahlreiche Folgepraktiken finden, denn auch sie benutzen einen menschlichen Schädel als Gefäß für ihre Nahrung."[31]

Genauso muss man jedoch den Einfluss des *Chan* auf das kaschmirische Mahamudra anerkennen. Dafür genügt es, zwei Texte einan-

---

31 Alain Daniélou, La Fantaisie des dieux et l'aventure humaine, d'après la tradition shivaïte. Editions du Rocher, Monaco 1985, S. 66

der gegenüberzustellen, der erste von *Niutou*, Schüler von *Tao Shin* (Daoxin) (594-657), der zweite Text von *Tilopa*, der erste *Mahasiddha* und Meister von *Nagarjuna* (2. Jahrhundert unserer Zeitrechnung, laut einigen Kommentatoren), um festzustellen, wie gleichwertig die Standpunkte in ihrer Tiefgründigkeit und wie bilderstürmerisch beide Texte sind. Es ist wichtig zu verstehen, dass es sich nicht um Geschichte nach unserem Geschichtsverständnis handelt, sondern um einen hagiographischen Kampf zwischen den verschiedenen Schulen, um sich die ältesten Quellen zu sichern.

„Lege mir die Essenz der Lehre dar", bat *Niutou Daoxin.*

„Alle Dinge sind in ihrer Essenz frei. Behalte das in deinem Geist und lehre es in Zukunft. Die hunderte und tausende von Zugängen zur Wahrheit sind alle ganz im Geist enthalten. Die subtilen Tugenden sind ebenso zahlreich wie die Sandkörner im Ganges, alle haben sie ihren Ursprung im Geist. Alle Aspekte der Einhaltung der Vorschriften, der Konzentration, der Weisheit und alle Erscheinungen der spirituellen Kräfte sind sämtlich dem Geist innewohnend und nur ihm. Alle Leidenschaften und Hindernisse sind ursprünglich das *Nirvana*. Alle Beziehungen von Ursache und Wirkung sind wie Träume und Halluzinationen. Es gibt weder eine Welt, die zu verlassen wäre, noch ein anzustrebendes Erwachen. Menschen und Dinge sind in Essenz und Charakter gleich. Der Große Weg ist offen und weit, jenseits von Denken und Überlegung. Du bist jetzt zu dieser Wahrheit gelangt, und es mangelt dir an nichts mehr. Du bist von Buddha nicht verschieden; abgesehen davon gibt es nichts weiter zu verstehen. Lasse einfach deinen Geist frei, keine kontemplativen Praktiken, keine Bemühung, um den Geist zu läutern. Lasse weder Gier noch Zorn in dir aufsteigen, umarme weder Traurigkeit noch Sorge. Fließe spontan, ohne Fesseln; du bist frei, verhalte dich nach deinem eigenen Willen. Ohne Gutes oder Böses zu tun, stimme dich auf die Gegebenheiten ein. Alles, was deinem Blick begegnet, ist das unfassbare Wirken der Buddhaschaft, es ist getränkt von Glückseligkeit und Freude. Und deshalb nennt man es Buddhaschaft.

- Wenn der Geist nun alles enthält, was ist dann der Buddha, was der Geist?
- Wenn es nicht der Geist wäre, gäbe es keine Frage nach dem Buddha; wenn du Fragen zum Buddha stellst, ist es der Geist, der fragt.
- Wenn ich keine Betrachtung praktiziere, wie soll ich meinen Geist abstellen, wenn Dinge hochkommen?
- Die Dinge sind weder gut noch schlecht. Gut und schlecht kommen aus dem Geist hervor. Wenn der Geist nicht darauf besteht, die Dinge unterscheiden zu wollen, wo könnte die Illusion herkommen? Wenn schließlich keine Illusion mehr aufkommt, ist der authentische Geist der Meister des Wissens. Lasse deinen Geist einfach unabhängig und frei sein und versuche nicht mehr, ihn zu zügeln. Das nennt man den dauernd präsenten Körper der Wirklichkeit, und er ist unwandelbar. Ich habe die Lehre von der plötzlichen Erleuchtung vom großen Meister *Sencan* erhalten und gebe sie jetzt an dich weiter. Du hast die grundlegende Wahrheit gehört.“ [32]

Niutou kam zur großen Erleuchtung. Danach verfasste er eines der schönsten Gedichte, das der *Chan* je geschaffen hat: Hsing Ming – „Der Gesang vom Herz/Geist “, hier der Anfang:

32 Nan Huai-Chin, The story of Chinese Zen. Tuttle, North Clarendon 1995. Franz. Übers. Daniel Odier

„Die Natur vom Herz/Geist kommt nirgendwo her.
Was nützen Wissen und Ideen?
Ursprünglich nicht eine einzige Wahrheit.
Warum also von Praxis reden?

Kommen und Gehen ohne Ende,
Suchen ohne zu finden:
Lieber nichts tun.
Dann scheint Frieden auf.

Die Vergangenheit ist leerer Raum,
Wissen der Verlust des Urgrunds.
Verbreite dein Licht über die Welt,
Erwacht und dennoch dunkel.

Ist die Dynamik des Ohne-Geist versperrt,
Verfehlt er die Wahrheit.
Dinge kommen, um sich wieder aufzulösen,
Was nützt die Innenschau?

Ist alles Aufscheinende einmal frei, sind die Dinge selbst Erwachen,
Um den Herz/Geist zu reinigen, muss man ihn erst einmal finden.
Durch Zeit und Raum hindurch – kein Erwachen.
Das ist große Tiefe.

Das Wissen ist Nichtwissen.
Und das Nichtwissen erfasst das Wesentliche.
Den Herz/Geist zu benutzen, um den Herz/Geist zu beruhigen,
Ist die größte aller Verirrungen.

Im Vergessen von Geburt und Tod steigt die ursprüngliche Natur
empor.
Das höchste Prinzip kann nicht erklärt werden.
Es ist weder gebunden noch befreit. Erschauernd und eingestimmt
auf die Welt,
Springt seine Präsenz in die Augen.

Habt Ihr kein Objekt vor Augen,
In diesem Nichts, der Gesamtheit der Welten!
Erforscht es nicht mit Hilfe der Weisheit,
Denn seine Substanz selbst ist dunkel und leer.

Gedanken steigen auf und verschwinden,
Der vorangehende mit dem folgenden identisch.
Ohne das Aufsteigen des Nachfolgenden
Zerrinnt der vorangehende Gedanke.
Gegenwart, Vergangenheit, Zukunft, nichts ist da.

Kein Herz/Geist, kein Buddha,
Die befreiten Menschen zeigen sich
Mit offenem Herz/Geist aus dieser Freiheit heraus.

Nun unterscheiden sie Profanes und Geheiligtes,
Ihre Verwirrung blüht.
Sie weichen ab durch Haarspalterei.
Suchst du die Wahrheit, verlässt du den Weg.

Die Heilung besteht in der Verwerfung von Profanem und Geheiligten.
Alsdann reine und funkelnde Klarheit.

Weder Gewandtheit noch Arbeit braucht es.
Handele wie ein Kind.

In dieser Lebhaftigkeit,
Stilles Wissen,
Ruhe, von Ansichten befreit,
In der Dunkelheit deiner Bleibe.

Lebhaft, ohne umherzuirren,
Ist der Geist still und friedlich,
Alle Erscheinungen wirklich und ewig,
Einer Überfülle, die keine Unterscheidung macht, entsprungen.

Gehend, kommend, sitzend, stehend,
Ohne Bindung,
Keine Richtung weisend,
Kann es da Geburt und Tod noch geben?

Da sind dann weder Einheit noch Zerstreuung,
Langsamkeit noch Schnelligkeit.
Ruhe und Licht sind natürlich,
Sie können nicht erklärt werden.

Der Herz/Geist ist wahrhaft er selbst.
Nicht mehr nötig, dem Begehren ein Ende zu setzen.
Die räumliche Natur
Lässt den Herz/Geist gehen, wohin er will.

Weder klar noch bedeckt,
Weder tiefgehend noch oberflächlich,

Fiel von Anfang an er aus der Zeit
Und hat keine Zukunft.

So, nicht unterworfen,
Ist er ursprünglicher Herz/Geist,
Der ursprünglich nicht ist,
Denn Ursprung ist im jetzigen Augenblick.“[33]

Niutou bringt dem *Chan* wesentliche und neue Elemente: Den leuchtenden Schatten, die Frustration, die durch die Suche nach dem Absoluten, das man nur im Loslassen finden kann, verursacht wurde, das entspannte Umherschweifen als Ethik, die Formlosigkeit des *Samadhi*, die Freiheit des Herz/Geist, die vergebene Liebesmühe, um das Denken zu disziplinieren, welches noch launischer wird, wenn man sich mit ihm befasst, das Denken, das zur Unklarheit führt, die Sinnlosigkeit, Emotionen zu zerstören, die Absichtslosigkeit als Stütze, die Widerspenstigkeit und das Erwachen, wenn man das Erwachen nicht anstrebt.

Die klaren und blitzschnellen Durchbrüche von *Niutou* haben einen starken Einfluss auf die Dichtung und das Denken des *Chan*.

Nun der Gesang, mit dem *Tilopa Naropas* Erwachen hervorrief:

Huldigung an die Vajra Dakini

Auch wenn Mahamudra nicht gezeigt werden kann,
Du von Glück begünstigter Naropa, ausdauernd und intelligent,

---

33 1.Teil des Gedichts, In: The Poetry of Enlightenment. Poems by ancient Chan Masters. Chan Master Sheng-yen. Dharma Drum Publications, Elmhurst 1987. Franz. Übers. Daniel Odier

In deiner Askese und deiner Ehrfurcht vor dem Lama
Bewahre dieses in deinem Herzen.

Am Beispiel des Raumes, in dem niemand nirgendwo Platz nimmt,
Ist in Mahamudra gar keine Stütze,
Ohne Kunstgriff bleibe im natürlichen Zustand entspannt.
Sind sie so gelockert, entknoten sich die Bande zweifellos.

Betrachtet man die Mitte des Raumes, verschwindet sein Bild;
Wenn der Geist den Geist betrachtet,
Und sämtliche mentalen Aktivitäten aufhören,
Ist das unübertreffliche Erwachen erlangt.

Der morgendliche, in der himmlischen Sphäre aufgelöste Dunst
Ging weder fort, noch bleibt er irgendwo;
Ebenso verschwinden wie Wellen in der Vision, die er von sich selber hat,
Alle aus dem Geist aufsteigenden Gedanken.

Die Natur des Raumes, jenseits von Farben und Formen,
In weiß oder schwarz gekleidet, bleibt unwandelbar.
Ebenso bleibt die Essenz des Geistes jenseits von Farben und Formen,
In weiße Tugend oder düsteres Laster gekleidet, unverändert.

Die reine und glänzende Essenz der Sonne
Wird nicht vom Dunkel der tausend Kalpas verschleiert.
Ebenso kann die leuchtende Essenz unseres eigenen Geistes
Nicht von Äonen von Samsara verfinstert werden.

Der Raum kann als leer bezeichnet werden,
Auch wenn dieses Wort ihn nicht beschreibt;
Ebenso kann unser eigener Geist klares Licht genannt werden,
Auch wenn eine solche Vorstellung der Grundlage entbehrt.
Also ist die Natur des Geistes dem Raum auf ewig ähnlich;
Und es gibt nicht ein Dharma, das dort nicht enthalten wäre.

Ohne zu handeln, der Körper ganz natürlich ruhig;
Ohne etwas zu sagen, das Wort wie das schalllose Echo;
Ohne zu denken, geht der Verstand in das Dharma des Jenseits über.

Der Körper ist unberührbar wie ein Schilfhalm;
Der Geist jenseits der erdachten Objekte ist wie die Mitte des Raumes.
Entspanne dich in dieser Sphäre, ohne etwas abzulehnen oder anzunehmen.
Der bezuglose Geist ist Mahamudra.
Mit der Gewöhnung wird er integriert, und das unübertreffliche Erwachen ist erreicht.

Die Titelhalter der Tantras, der Prajnaparamita,
Des Vinaya, der Sutras und weiterer Lehren,
Werden mit ihren Texten und Philosophien
Das klare Licht des Mahamudra nicht sehen.

Die Absichten verdecken die Sicht auf das klare Licht.
Verbote und auf Konzepten beruhende Verpflichtungen schaden dem höchsten Samaya.
Im Nicht-Handeln des Verstandes, völlig absichtslos,

Sind Erscheinen und Verschwinden spontan wie die Wellen,
Die Richtung des Bleibelosen, Bezuglosen nicht zu verlassen,
Heißt, die Samaya zu bewahren; die Fackel der Finsternis zu sein!

Ist man von jeder Absicht frei und verharrt auf keiner Schlussfolgerung,
Werden sämtliche Dharmas und Lehren gesehen.
In diesem Zustand zu praktizieren, befreit vom Gefängnis des Samsara,
In diesem Zustand zu meditieren, vernichtet alles Negative und sämtliche Schleier.
Das nennt man, Fackel der Lehre sein.

Die Unwissenden, die diesen Zustand nicht ersehnen,
Werden fortwährend von den Fluten des Samsara davongetragen,
Aus Mitgefühl für diese Unwissenden in ihren andauernden Leiden,
Wird der, der danach strebt, sie von ihrem unerträglichen Leiden zu befreien,
Sich einem geschickten Lama anvertrauen:
Dessen spiritueller Einfluss durchdringt sein Herz und befreit damit seinen Geist.

Ach, Wunder!
Diese Dharmas des Samsara sind vergebens und Ursache von Leid,
Künstlich und substanzlos. Auch wisse, dich der echten Essenz anzuvertrauen.

Unfehlbar ist der Blick jenseits aller dualistischen Fixierungen,
Unfehlbar ist die Meditation im Zustand von Nicht-Zerstreutheit,
Unfehlbar ist die Handlung des Nicht Handelns,

Das Ergebnis ist gegenwärtig, wenn es weder Erwartung noch Furcht mehr gibt.

Jenseits jeglichen Anhaltspunkts befindet sich die helle Natur des Geistes;
Der Weg des Buddhas enthüllt sich im fehlenden Fortschreiten.
Gibt es nichts mehr zu meditieren, ist das unübertreffliche Erwachen erreicht.

Ach Wunder! Verstehe die Erscheinungen des Samsara gut:
Wie Traum und Illusion könnten sie nicht von Dauer sein.
Wie sie besitzen sie keine authentische Existenz;
Ebenso entwickele den Verzicht und verzichte auf die Aktivität des Samsara.

Schneide alle leidenschaftlichen Verbindungen von ihren Objekten ab,
Und meditiere alleine in der Abgeschiedenheit der Wälder und Berge.
Verweile im Zustand der Nicht-Meditation.
Das Unauffindbare zu finden, heißt, Mahamudra zu finden.

Schneide einen üppig wuchernden Baum am Stamm ab: Seine Myriaden von Ästen trocknen aus.
Desgleichen schneide die Wurzel des Geistes ab, und das Blätterwerk des Samsara verdorrt.
Selbst wenn die Dunkelheit tausende Äonen fortbestanden hat,
Eine einzige Fackel wird seine aufgehäuften Finsternisse vertreiben;
Desgleichen vertreibt unverzüglich das klare Licht des Geistes

Die Schleier und die Negativität des Nichtwissens, die sich während der Kalpas angesammelt haben.

Ach Wunder!
Das intellektuelle Dharma kann den Sinn des Nicht-Mentalen nicht sehen!
Das Dharma der Handlung kann das Nicht-Handeln nicht begreifen.

Wenn du den Sinn des Nicht-Mentalen und des Nicht-Handelns zu finden wünschst,
Schneide die Wurzel deines Geistes ab, lasse das Wissen in seiner Nacktheit,
Lasse das trübe Wasser der Gedanken sich klären.
Lasse unverändert, was erscheint, ohne es anzuhalten oder herzustellen.

Ohne Zugreifen oder Zurückweisung ist aller Anschein Mahamudra.
Die universelle, nicht hergestellte Grundlage ist frei von Neigungen und Schleiern.
Verbleibe in seiner ungeschaffenen Essenz, ohne Berechnung oder Absicht,
Lasse die Erscheinungen des Verstandes, die Projektionen Subjekt-Objekt sich erschöpfen.

Vollständig frei von allen Schlussfolgerungen, ist der Blick königlich und erhaben.
Tief und grenzenlos ist die Meditation unfehlbar und die höchste.
Meinungslos und unvoreingenommen ist die Handlung königlich und erhaben.
Ohne Hoffnung, genau hier, ist der Geist der Höchste.

Zu Beginn ähnelt die Aktivität des Geistes einem wilden Wasserfall,
Dann fließt sie und bewegt sich wie die Fluten des Ganges.
Schließlich ist sein Wasser wie der Sohn, wenn er die Mutter trifft.

Die Personen von weniger wacher Intelligenz,
Die nicht in diesem Zustand bleiben können, werden mit dem Atem praktizieren und den Geist verfeinern,
Und durch verschiedene Betrachtungsweisen und Gewahrseinsübungen.
Werden sie ihn disziplinieren, bis sie dort zu verweilen wissen.

Wer sich dem Karma-Mudra[34] anvertraut,
Lässt das fundamentale Wissen der glückseligen Leere hoch aufsteigen,
Kommt zur Vereinigung, die Upaya und Prajna inspirieren.
Langsam lässt er hinuntersteigen, bewahrt, kehrt um,
Lässt wieder aufsteigen, leitet zu den Zentren
Und leitet *(bodhicitta)* in den ganzen Körper.

Wenn keine Anhaftung da ist,
Steigt das fundamentale Wissen der glückseligen Leere hoch auf;
In einem langen Leben ohne weiße Haare wird er zunehmen wie der Mond:
Strahlend und frisch, mit der Kraft eines Löwen,
Wird ihm alles Gewöhnliche schnell erfüllt,
Und er wird sich dem Höchsten widmen.

---

34 Ritual der sexuellen Vereinigung

Auf dass diese essenzielle Lehre des Mahamudra
Im Herzen der von Glück begünstigten Menschen bleibe.[35]

Die Angaben zum Buch präzisieren, dass *Mahasiddha Tilopa* dem kaschmirischen Pandit und Siddha *Naropa* diese Unterweisung auf Sanskrit am Ganges-Ufer übermittelt hatte, dieser wiederum übermittelte sie an *Marpa*, der eine freie tibetische Übersetzung davon anfertigte[36]. Unter „frei" muss man zweifellos eine buddhistische Bearbeitung verstehen.

---

35 Übersetzt vom Comité Lotsawa (Nov. 1989), aus der Originalausgabe von Rumtek. (Folios 17a5 bis 21a1)

36 s. die ausgezeichnete englische Übersetzung auf der Website: Keithdowman.net/mahamudra/tilopas-mahamudra-teaching.htlm

Worte, Gedanken, Benommenheit,
Oder Erwachen der Kundalini,
Höchster Lotos –
Weder Stille noch Yoga-Haltungen
Erschließen euch diesen Raum.
Weder Shiva noch Shakti verweilen dort.
Nur eines bleibt: Das Selbst.
Das ist die Lehre.

Lalla

Herz zu Herz 4

Der Yoga der Linie

Lalita weckte mich gerne sehr früh, vor der Dämmerung. Sie trat in meine Hütte, beugte sich über mich. Mit ihrer leichten und zarten Hand strich sie über mein Gesicht wie ein Schwalbe, manchmal noch sanfter, wie ein Nachtfalter. Ich öffnete die Augen, ich hing an ihrem intensiven, vor Liebe strahlenden Blick. Sie blieb einige Minuten neben mir sitzen und flößte meinen Zellen die Essenz der Praxis ein. Die Unterweisung begann in dem Moment, in dem ich die Augen öffnete, manchmal sogar vorher, in den Träumen, die im Blick einfach ihre Fortsetzung fanden. Ihre Übertragung geschah auf kontinuierliche Weise, sowohl durch die Stille wie durch Bewegungen, durch den *Tandava*-Tanz, Symbole, Worte. Sie war eine nie versiegende Quelle, ich hatte die Empfindung, als ob ich daran meinen Durst stillte. Ich erhob mich, nahm meinen Schal, und wir stiegen zum großen Becken hinunter, wo das eisige Wasser des Wasserfalls wirbelte. Wir stiegen nackt ins Wasser. Ich hatte die unmittelbare Empfindung, dass alle Zellen meines Körpers aktiviert wurden, die Energie entfaltete sich sehr schnell. Manchmal geschah es, dass wir wie Kinder spielten und lachten. Andere Male war das Bad ein stilles und ernstes Ritual, besonders bei den morgendlichen Übertragungen. Dann wiederum näherte sie sich mir, nahm mich kurz in ihre Arme und übertrug mir ihre Wärme. Ihre Handlungsweise war unvorhersehbar, sie befand sich immer in tiefer Übereinstimmung mit der Dynamik und dem Geist des Tages. Sie gab mir „the mood" der Übertragung zu spüren. Bei Lalita habe ich zutiefst verstanden, dass alles Unterweisung ist, wenn man mit einem Meister in Verbindung steht, sogar die spielerischen und scheinbar unbekümmerten Momente. Es gab keine Spaltung mehr in der Raum-Zeit. Alles war ein mystischer Wirbel, in den das ganze Sein mitgerissen wurde, manchmal mit einem Ungestüm, das eine Gabe des Raums war. Da war auch die Empfindung, ein Musikschüler zu sein, der zuschaut, wie sein Lehrer das Instrument berührt, stimmt und schließlich spielt, um die Sensibilität seines Schülers zu erhöhen. Erst alle Sinne dem Zauber der Musik öffnen, die Inbrunst der Mystik in sich aufnehmen, bevor man es wagt, selber das Instrument zu berühren. Geist vor Technik. Der Sinn für das Erhabene muss sich vor der Handlung entwickeln.

Lalla hatte ein Feuer in ihrer Hütte vorbereitet. Der Morgen war frisch. Wir saßen uns auf ihrer braunen Kamelhaardecke gegenüber und brachten unseren Atem in Einklang. Lalita atmete sehr langsam, durch den Mund, ich ging auf natürliche Weise in ihren Atem hinein. Sie sagte wenig, alles geschah durch eine unmittelbare Verbindung, die dazu zwang, präsent zu sein und stetig auf den Körper und alle Sinne zu hören. Ein geheimnisvolles Band knüpfte sich mit jedem Tag enger.

„Ich werde dir den Yoga der Linie von Mahamudra übertragen", sagte Lalita und ließ dabei meinen Schal nach unten gleiten, während meine Haut die Hitze der Glut spürte und mein Körper angesichts des nackten Körpers von Lalita zu vibrieren begann. Ihre goldfarbene Haut war mit einer glühenden Energie aufgeladen. Sie legte wieder Holz auf das Feuer, ohne mich aus den Augen zu lassen.

„Der Yoga der Linie von Mahamudra ist anders als jener, den ich dich zu Beginn gelehrt habe. Er geht direkt vom Herzen aus und nicht durch die Gegenwart der Meister auf Höhe der Fontanelle. Das ist die essenzielle Praxis, die Grundpraxis, die *Bhairavi*-Energie, die die Macht der Verwirklichung von Mahamudra gewährt. Die Gegenwart der Göttin in deinem Körper durch ein plötzliches Erscheinen im Herzen.

Ein funkelnder Rubin erscheint im Herz-Zentrum. Seine Größe kann variieren, aber beginne damit, ihn so groß wie eine Fingerspitze zu spüren. Schließe die Augen nicht. Halte immer den Kontakt aufrecht, denn ich werde mit dem Blick, dem Herzen, den Lippen und der Yoni in dich eindringen.

Der Rubin verbreitet sein rotes Licht in deinen ganzen Körper, die Organe, die Muskeln, die Sehnen, die Knochen verschwinden nicht wie beim ersten Yoga der Linie, sondern alles badet im Licht des Rubins. In Mahamudra verschwindet nichts. Da ist weder Reinigung noch Verschwinden im Licht. Alles Wirkliche ist in die stille Dimension des Geistes, in die ursprüngliche und räumliche Quelle eingegliedert.

Spüre die rote Leuchtkraft meines Körpers, die zu deinem Körper überfließt, so wie du in meine Richtung überfließt, die Energien von *Bhairava* und *Bhairavi* vermischen sich."

Lalita glitt langsam mit leuchtendem Blick zu mir. Sie umfing meine Taille mit ihren Beinen, mit geschickter Hand ließ sie mein Lingam in ihre Yoni gleiten, ihr Herz berührte das meine. Ich spürte die Wärme ihrer Brüste, ihren feinen Atem auf meinen Lippen, ihre so sanfte Zunge. Ihre Augen so nahe, dass sie riesig erschienen.

„Wir bilden ein einziges Herz, und in diesem Herzen manifestiert sich die ganze Linie. Ich werde immer in dir sein, *Sahajanandabhairava* und alle Yoginis der Linie in dir! Im Laufe deines Lebens werden sie sich offen manifestieren, um dir die Energie der Lehre zu übertragen, mal in meiner, mal in einer anderen Gestalt. Du wirst drei oder vier Yoginis oder Yogis erkennen, die sich um dich kümmern, jeder mit seiner Gestalt und seinen Eigenschaften. Sie werden deine Beschützer sein und deine ständige Verbindung mit der tiefsten Tradition von Mahamudra. Behalte die Augen offen! Die Meister der Linie tanzen im nachtblauen Raum um uns herum!

Die Körpersäfte, das Blut, die Lymphflüssigkeit, der Orgasmus, der Speichel sind von der mystischen Kraft durchdrungen, sie sind Mahamudra und müssen immer als kosmischer Ausdruck der Einheit geehrt werden. Keine Spaltung mehr zwischen heilig und profan, rein und unrein, wirklich oder abstrakt, es ist das Große Symbol!"

Ich musste mich nicht mehr bewegen, die Yoni von Lalita war von konstantem Erschauern erfüllt, das Wellen und rhythmische Kontraktionen erzeugte. Magische Wellen rissen mich mit, während ihr Körperduft wie feiner Nektar ausströmte. Alle meine Sinne genossen sie, und mein roter Körper vergrößerte sich derart, dass er die Grenzen verlor.

„Atme nicht schneller, gehe in die Langsamkeit von meinem Rhythmus hinein. Empfange die goldenen Strahlen der Yoginis, der Yogis und der *Mahasiddhas* der Linie, die uns in ihrem Tanz umgeben und uns die Energie der verrückten Weisheit übermitteln."

Die Zeit war im roten Schein und dem verrückten Tanz der Linie aufgehoben, wir durchquerten den Raum mit dem Atem in einer regungslosen zellularen Langsamkeit. Ich spürte, wie die Flüssigkeiten des Orgasmus begannen, einen glitzernden Ring aus Licht zu bilden, der unsere Körper vereinte und dabei durch den Blick, den Mund, das Herz, die Bäuche, das Lingam und die Yoni ging. Die dunklen Augen von Lalita sprühten goldene Funken, ihre Beine und Arme umschlangen mich, als ob sie mich für immer in sich und der Linie einschreiben wollten.

Am Ende des Rituals war es wieder Nacht. Wir saßen uns immer noch gegenüber. Lalita hatte sich wieder auf die Decke begeben, die Augen weiterhin geöffnet.

„Beim Yoga der Linie gibt es kein Ende“, fuhr Lalita fort. „Es ist in dein Fleisch eingeschrieben und wird sich spontan manifestieren. Auf der Stufe von Mahamudra ist es wichtig, die Gnade abzuwarten und niemals zu ‘machen’. Solange jemand Yoga ‘macht’, ist es kein Yoga. Man bietet seinen Körper dem Raum dar, damit er sich gnädig zeigt. Der aufgehobene Wille löst sich in der Nicht-Praxis, der Nicht-Meditation auf, in der konstanten Wahrnehmung des natürlichen Zustands, der in der absoluten Entspannung des Herzens, des Geistes, des Körpers, der Emotionen und der Empfindungen besteht. Alles geht unaufhörlich zum Raum zurück, so wie ein Regenbogen erscheint und dann im Raum aufgeht. Da ist nichts zu vermeiden, nichts zu tun, als spontan auf den Lauf der Dinge einzugehen, ohne dass der Handlung ein innerer Diskurs vorausgeht oder auf ihn folgt. Stille! Nachdem man Mahamudra integriert hat, ist das Leben von einer Einfachheit und Arglosigkeit von sehr subtilem Duft. Alles hat einen köstlichen Geruch: Die Blumen, die Flusskiesel, die Schlangen, die Menschen, insofern sie von der verrückten Weisheit durchdrungen sind. Atme die Welt, schmecke sie, genieße ihre Köstlichkeiten, stelle durch deine Präsenz das Gleichgewicht zwischen Gewalttätigkeit und Schönheit wieder her. Die unendliche Schönheit ist immer da, selbst wenn die Welt verschwunden sein wird, vernichtet durch die Dummheit der Menschheit. Als ich klein war, sah ich oft Schneetiger, wie Lalla. Heute gibt es fast keine mehr, die Schlangen sind aber zahlreich, Insekten, Schmetterlinge, Vögel. Die Flüsse fließen noch, sie bilden Ströme, die Ozeane nehmen sie auf. Wir leben, und es gibt Schönheit sogar im Grauen. Ich habe alte Yogis getroffen, die wussten nichts von den Zuckungen und der Gewalt, die die Welt und das Kaschmir durchschütteln. Sie sprachen zu den Vögeln, den Meistern der Linie, zum Staub und zum Schnee. Mahamudra lässt sich gerade innerhalb der Gesellschaft leben. Wenn dein Herz vibriert, dein Geist still ist, deine Präsenz unerschütterlich, ist alles innerhalb des Wirklichen selbst vereint. Die Präsenz bedeutet nicht nur, der Welt zuzuhören, sondern es ist auch die beständige Verbindung mit deiner eingeborenen Natur, der natürliche und räumliche Zustand von deinem Herz/Geist."

Die sechs Wälder habe ich durchquert
Berührte den Mond mit dem Finger
Und löschte meinen Durst
Mit dem Nektar des Pranayama.
Im Feuer der Liebe
Schürte ich die Glut in meinem Herzen, wo
Shiva wirklich wurde.

Lalla

Die Shiva Sutras

Man findet bereits im *Kaulajnananirnayatantra* von *Matsyendranath*, in der Unterweisung des *Kaula*-Pfads, den er im 7. oder zu Beginn des 8. Jahrhundert in Kaschmir überlieferte, die bedeutenden Ideen, die einige Generationen später von *Vasugupta, Kallata, Somananda, Utpaladeva, Abhinavagupta* und *Kshemaraja* weiterentwickelt wurden und mit ihrer unvergleichlichen Ausgefeiltheit und philosophischen und poetischen Pracht die ganze Größe des kaschmirischen Shivaismus ausmachen sollten:

„Der Weg besteht darin, nach seinem eigenen Willen zu handeln und dabei gleichzeitig Kenntnis vom *Akula* und *Kula* der *Devi* zu haben. Man sollte immer *Bhairava*, die *Kula* und die *Siddhas* verehren. Man sollte immer seinen eigenen Guru verehren, das Prinzip seiner eigenen Existenz, jeweils dreimal. [...] Jetzt werde ich von etwas noch Größerem sprechen. Höre, oh Viel-Geliebte der *Vira* (Helden). Lasse uns über uns selbst meditieren, als weder Wasser, noch Feuer, noch Luft, noch Äther seiend, als weder unten, noch oben, noch in der Mitte seiend, wie etwas, das weder mineralisch, noch pflanzlich, noch animalisch ist und sich dabei in den Geisteszustand *Unmani* versetzt. Nachdem er über sich selbst als leer oder nicht leer, befreit von jeglichem Gedanken, ohne irgendeine Bewegung meditiert hat, wird der weise Mensch so groß wie ein Dorf. Durch diese Tat ausgeglichen, erhält er noch viele andere Dinge. [...] Es wird gesagt, dass die *Sa-*

dakha Frauen – Yoga-Expertinnen. – im *Kamakhya Pita* wohnen. Wenn sich der eine mit der anderen vereinigt, verwirklicht man die *Yogini Siddhi* mit noch mehr Bewusstsein, den Geist, die Fähigkeit, verschiedene Erscheinungen sowie *Anima* anzuwenden, desgleichen die anderen acht *Siddhis*. [...] Genau, wie weder ein Baum ohne Schatten existiert noch ein Schatten ohne Baum, muss man in der Kula-Praxis verstehen, dass der Yogi und seine *Shakti* unzertrennlich sind."[37]

„Bhairava sagt: Nun werde ich Euch die Eigenschaften des *Vira* und seiner *Shakti* darlegen: Sie ist die erhabenste Einheit, strahlend das Weiß ihrer Augen. Sie ist Devi mit zotteligen Haaren, sehr schön und redegewandt, mit ihren zehn strahlenförmig angeordneten Armen. Sie ist dem *Kula* geweiht, und sie verehrt die Devi des Guru. Sie ist schön, fröhlich, von vollkommenem Gesicht, mit angenehmen Augenbrauen. Sie weiht sich dem *Kulagama*, frei von jeglicher Furcht, sehr ruhig, von auserlesener Wesensart, drückt sie sich wahrhaftig aus, ohne den geringsten Zweifel. Sie weiht sich dem Guru des *Kaula-Agama* und verströmt einen wunderbaren Duft. Sie kennt keine Grausamkeit. Sie ist eine Devi mit vollkommenem Körper und sich ihrer schönen Erscheinung bewusst, wie die Heldin, die *Shakti* von *Rudra*, die *Wurzel-Devata*. Derjenige kann, nachdem er Kenntnis vom Ursprung und dem Ort erhalten hat, wo sich das *Mahalingam*, der Faden der entflammten Blume befindet, so wie das *Bindu* werden. Die unwandelbare *Shakti* aller *Shaktis* ist die innere *Shakti* des *Atma*. Nachdem man sich dieser *Shakti*, deren Ursprung der Körper ist, bewusst geworden ist, kann man sich mit ihr vereinigen. Auf diese Weise hat man gleichzeitig zur Erkenntnis und zur Unterscheidung

37 Das Kaulajnananirnayatantra von Matsyendranath. Franz. Übers. aus dem Sanskrit, Dominik Boubouleix, unveröffentlicht

Zugang, ebenso wie zu einer von Dualität befreiten Natur. Das sind die Eigenschaften eines *Vira* im *Kula Kaula Agama.*"[38]

Der Text, der die darauffolgenden überwältigenden Entwicklungen auslöste, sind die *Shiva Sutras* von *Vasugupta*, der sie der Legende nach direkt von *Shiva* erhalten hat beziehungsweise in den Stein des *Mahadeva* eingeritzt fand, den heiligen Berg, auf dem er im 8. Jahrhundert Wohnsitz genommen hatte. *Kshemaraja* sagt uns, dass er, nachdem er diese höchsten Lehren erhalten hatte und alle weiteren, die er von vollkommenen Yoginis und Yogis bekam, sich weigerte, Lehren von anderen Tantrikern (Buddhisten?) anzunehmen, die er als unterlegen betrachtete; darauf weist Mark Dyczkowski in seinen „Stanza on Vibration" hin.[39] Die *Shiva Sutras* sind ein kurzer, anspielungsreicher, manchmal rätselhafter Text, der den beiden anderen bedeutenden Texten der Tradition als Grundlage dienen sollte: Dem *Spandakarika* (die Doktrin der Vibration), welches *Kallata* als Erläuterung der *Shiva Sutras* betrachtete, und dem *Pratyabhijnahrdayam* (Das Herz der Erkenntnis des Selbst), der Abschluss dieser Folge von außergewöhnlichen Texten.

Die Shiva Sutras

Das erste Licht

Die Beschreibung von der Beschaffenheit des Lichts des universellen Bewusstseins.

1. Das Bewusstsein ist das Selbst.
2. Das Wissen ist das Bindeglied.
3. Die Gruppe der Ursprünge bildet den Körper der verdunkelnden Energien.

---

38 ebd.
39 Mark Dyczkowski, a.a.O., S. 11

4. Die Grundlage des Wissens ist *Matrka* (die Phoneme).
5. *Bhairava* ist die Dynamik.
6. Wenn das Rad der Energien sich dreht, resorbiert sich das Universum.
7. Das Bewusstsein, das die Ausdehnung des vierten Zustands ist, manifestiert sich fortwährend in diversen Aktivitäten, wie Gehen, Träumen oder im Tiefschlaf.
8. Das aus den sensorischen Wahrnehmungen entstandene Wissen ist der Zustand des Wachens.
9. Die Träume bestehen in einer Konstruktion des Denkens.
10. Der Tiefschlaf ist *Maya*, mangelndes Urteilsvermögen.
11. Wer die drei Zustände genießt, ist der Herrscher über die Helden.
12. Das Entzücken kommt von der Vereinigung.
13. *Kumari* (die Jungfrau) ist der Wille, die höchste Macht.
14. Das Wahrnehmbare ist ihr Körper.
15. Indem er seinen Geist auf das Herz fixiert, erhält der Yogi eine Vision des Fassbaren und der Träume.
16. Der Yogi kann Shiva verwirklichen, indem er das absolute Prinzip betrachtet.
17. Die Energie etabliert sich an ihrem eigenen Ort. (Das Selbst ist das Universum.)
18. Die wahre Unterscheidung ist die Erkenntnis des Selbst.
19. Die Verzückung des Lichts ist die Freude der Versenkung.
20. Der Körper gelangt zum Sein, wenn die Energien sich vereinigen.
21. Die Vereinigung der Elemente, die Trennung der Elemente und die Vereinigung des Universums.
22. Der Yogi erreicht die Beherrschung des Rads, wenn das reine Wissen sich erhebt.
23. Wenn er den Großen See betrachtet, erfährt der Yogi die Vitalität des Mantras.

Das zweite Licht

Die Kenntnis des innewohnenden Wissens

1. Der Geist ist das Mantra.
2. Die Bemühung lässt das Ziel erreichen.
3. Das geheime Mantra ist das Wesen des Körpers des Wissens.
4. Die Ausdehnung des Geistes in der Gebärmutter des Bewusstseins ist der Dämmerzustand von allen Formen des Nichtwissens.
5. Wenn das innewohnende Wissen um seine eigene Natur sich manifestiert, ist das der Shiva-Zustand, die Bewegung dessen, der im Himmel des Bewusstseins umherschweift.
6. Der Meister ist der Weg.
7. Das Erwachen des Rads der Phoneme.
8. Der Körper ist die Opfergabe.
9. Die Nahrung des Yogis ist das Wissen.
10. Sobald sich das Wissen resorbiert, erscheint plötzlich die Wahrnehmung durch den Traum.

Das dritte Licht

Die Vibration der Mächte

1. Der Geist ist das Selbst.
2. Das Erfahrungswissen ist die Verbindung.
3. Maya ist das mangelnde Unterscheidungsvermögen der Prinzipien, die mit *Kala* (die Zeit) beginnen.
4. Die Mächte werden durch den Körper aufgenommen.
5. Der Rückzug der subtilen Kanäle, die Eroberung der Elemente, die Freiheit im Verhältnis zu den Elementen und die Trennung von den Elementen.
6. Der Yogi erlangt die Vollkommenheit, indem er der Dunkelheit der Illusionen ein Ende macht.

7. Doch indem er die Illusionen erobert, erlangt der Yogi das angeborene Bewusstsein.
8. Rege, erlebt er den zweiten Strahl.
9. Das Selbst ist der Tänzer.
10. Die Bühne ist das innere Selbst.
11. Die Sinne sind die Zuschauer.
12. Der reine Zustand ist durch die Macht des erleuchteten Geistes vollends erreicht.
13. Die Freiheit ist erlangt.
14. Wie hier, so ist es anderswo.
15. Die Natur des Bewusstseins ist die Emission, und was nicht außen ist, erscheint.
16. Ständiges Augenmerk auf den Kern.
17. Bequem sitzend, taucht der Yogi mühelos in den See des Bewusstseins ein.
18. Shiva erschafft die Welt durch ein Quäntchen des Selbst.
19. Sobald das beschränkte Wissen zerstört ist, ist die Wiedergeburt abgeschafft.
20. Maheshvari und die anderen Mütter des gefesselten Wesens residieren in den kehligen Klängen.
21. Der vierte muss über den dritten wie Öl ausgestrichen werden.
22. In seine eigene Natur versunken, muss der Yogi die Phoneme mit seinem Geist durchdringen.
23. Das Entstehen der unteren Ebenen geschieht im Zentrum.
24. Ist der Atem ausgewogen, gibt es eine Sicht von der Gleichheit der Dinge.
25. Das, was zerstört worden ist, kommt noch einmal im Lauf der einenden Präsenz in der eigenen Wahrnehmung der individuellen Einheit der Wahrnehmung auf.

26. Er wird wie Shiva.
27. Die Aktivität des Körpers ist das Gelöbnis.
28. Das banale Gespräch ist sein Mantra.
29. Die Kenntnis von sich selbst ist die Gabe.
30. Die Kenntnis und der Grund haben im Ursprung der kosmischen Natur ihren Wohnsitz.
31. Das Universum ist die Anhäufung seiner Mächte.
32. Das ist auch bei der fortdauernden Absorption der Fall.
33. Auch wenn das so abläuft, ist das Subjekt nicht verloren, denn er ist die Subjektivität, die wahrnimmt.
34. Die Empfindung von Vergnügen und Schmerz des Yogis ist äußerlich.
35. Der davon befreit ist, ist ein freier Geist.
36. Eine kompakte Masse Illusion lässt das Karma zum Vorschein kommen.
37. Sobald die Verschiedenheit beseitigt ist, führt die Handlung des Yogis zur Entstehung der Kreativität.
38. Die Macht der Sinne besteht durch ihre eigene Erfahrung.
39. Dasjenige, dem drei Zustande vorangegangen sind, verleiht ihnen Vitalität.
40. Die gleiche Stabilität des Geistes löst sich im Körper, in den Sinnen und in der äußeren Welt auf.
41. Wegen der Gier kommt das Innere nach außen.
42. Sobald der Yogi in der reinen Präsenz eingerichtet ist, wird sein Durst zerstört, und sein individuelles Wesen hört zu existieren auf.
43. Die Elemente sind für ihn nur ein Mantel. Er befreit sich daraus und wird wieder zum Höchsten.
44. Die Verbindung mit dem vitalen Atem ist natürlich.
45. Die vitale Bewegung des Atems wird beruhigt, wenn man sich

auf die Nasenmitte konzentriert. Wozu dienen dann die rechten und linken subtilen Kanäle oder die Sushumna?

46. Er versenkt sich noch einmal im Herrn.[40]

40 The Aphorisms of Shiva. Translated with exposition and notes by Mark S. G. Dyczkowski. State University of New York Press 1992. Franz Übers. Daniel Odier

Die Wirklichkeit erreichst du nicht mit Selbstkontrolle,
Mit Askese und Enthaltsamkeit,
Sondern durch dein brennendes Verlangen.
Auch nachdem du dich
Aufgelöst hast in der Wirklichkeit
Wie Salz in Wasser,
Bleibt es schwierig, in dem Selbst zu baden.

Lalla

Herz zu Herz 5

Der Yoga des Mondes

„Wir beginnen mit einer Visualisierung, die eine wohltuende Frische in Herz, Geist und Körper bringt. Dieser Yoga des Mondes ist berühmt für seine Heilkräfte und dafür, den Körper von allen Erinnerungen und von psychologischem und körperlichem Leiden reinzuwaschen. Man kann ihn während des Vollmonds ausüben, aber auch jederzeit, indem man den Vollmond visualisiert. Wir nehmen oft Mondbäder, um den Energiekreislauf im Körper wiederherzustellen und die subtilen Kanäle zum Leuchten zu bringen. Es ist eine kraftvolle Praxis, deren wohltuende Wirkungen sich ziemlich schnell spüren lassen. Das ist auch das Mittel, um den Körper in einem hohen Energiezustand zu halten.

Du schwebst nackt im nachtblauen Raum, diesmal mit geschlossenen Augen. In deinem Rücken erscheint ein prachtvoller Vollmond. Du siehst ihn nicht, aber du spürst, wie sein Strahlen beginnt, durch deinen Körper zu dringen.

Da dein Wunsch, ihn zu betrachten, wächst, stellst du dir vor, dass deine Augäpfel sich nach hinten drehen. Du betrachtest einen Punkt unterhalb deines Hinterkopfs und nimmst die Energie des Dreiecks zwischen deinen beiden Augen und dem Punkt wahr. Ganz und gar auf den Wunsch ausgerichtet, den Mond zu betrachten, beruhigt sich dein Verstand.

Auf der Höhe des Hinterkopfs entsteht eine Öffnung, und du kannst jetzt diesen prachtvollen Vollmond hinter deinem Rücken sehen. Der Mond ist riesig, er ist dir ziemlich nahe und strahlt.

Deine Betrachtung lässt plötzlich einen Mondstrom hervorkommen, der den nachtblauen Raum durchquert, ein Fluss vom Durchmesser deines Handgelenks. Dieser Strom, weiß wie Milch, dringt von hinten in deinen Kopf ein. Er ist reißend, er breitet sich in deinem Gehirn, deinem Mund, deinem Hals aus und ergießt sich in den Brustkorb und die Arme, bevor er in den Bauch, das Becken und die Beine hinuntergeht. Die Flüssigkeit geht durch die Organe, die Muskeln, die Sehnen, die Knochen und schwemmt sämtliche Schlacken sowie alle Spuren von Leiden weg, welche du wie kleine graue Konglomerate sehen kannst. Alle Stellen im Körper werden angeschaut, denn das Leiden kommt von einem allgemeinen Ungleichgewicht. Der Strom geht durch den Damm heraus und ergießt sich in den nachtblauen Raum. Wenn du diesen Yoga machst und dich dabei als Frau visualisierst, geht der Strom durch den Uterus und kommt durch die Yoni heraus.

Der Mond fließt so lange durch dich durch, wie das Gleichgewicht nicht wiederhergestellt ist und die Organe noch von dunkleren Spuren besetzt sind.

Wenn du dich leuchtend und leicht fühlst, drehen sich die Augen wieder nach vorne. Die Höhlung im Hinterkopf schließt sich, der Mondfluss hört auf zu sprudeln. Die Milch geht aus deinem Körper heraus, und du betrachtest die Frische der Organe, die durch die Kraft des Mondes regeneriert worden sind."

Lalita machte eine lange Pause, und ich öffnete die Augen zur selben Zeit wie sie. Ihr unsagbares Lächeln hatte ebenfalls etwas mondgleiches.

„Du kannst diesen Yoga anwenden, um dich zu heilen, um die anderen zu heilen. Dann lässt du diesen Fluss von deinem Körper zu ihrem hinübergehen. Das kann dich heilen, und wenn es dich nicht heilt, dann stirbst du eben und machst dabei den Regenbogenkörper, den ich dich später lehre.

Jetzt werde ich dir einen der ersten Gesänge zu Ehren des Spontanen auf die Lippen murmeln, den Gesang des ersten *Mahasiddha*, *Saraha*. Er erhält in der Essenz die ganze Übertragung von Mahamudra und der Wiedererkenntnis des Selbst. Trage es in deinem Herzen wie ein reines Juwel.

Da sie das tiefe Geheimnis nicht kennen, rezitieren die Brahmanen die Veden vergebens.

Sie leiern ihre Texte herunter, bieten Wasser, Erde und Feuer dar, entzünden Kusha-Kraut, die Augen rauchgerötet.

Mit der Miene eines *Bhagavan* tragen sie einen Stock zur Schau, halten sich für Schwäne – und die Gläubigen lassen sich täuschen. Sie trennen willkürlich Reines von Unreinem.

Nackt, mit Asche bedeckt, tragen sie einen Knoten, entzünden eine Öllampe und lassen ihr Glöckchen klingeln.

Im Lotossitz erzählen sie im Vertrauen Geheimnisse, nutzen die Gläubigen aus und verkaufen die Einweihung an Witwen und Nonnen.

Sie irren nackt oder in Lumpen gekleidet herum, lassen sich die Nägel übermäßig lang wachsen und vernachlässigen ihre Körper. Ihre Hingabe ist nur eine Parodie.

Wenn es genügt, sich zu entblößen, um zur Befreiung zu gelangen, sind Hunde und Schakale erlöst! Wenn es genügt, sich den Schädel zu rasieren, um zur Erleuchtung zu kommen, sind die Yonis der Frauen im höchsten Maße erleuchtet.

Einen Schwanz zu haben, hat noch niemanden befreit. Schaut den Pfau und den Wolf an! Wenn die Ernährung von Abfällen zum Wissen führt, haben Elefant und Pferd es erlangt!

Saraha singt: Die Asketen, die ihren Körper quälen, werden nicht im Geringsten befreit, denn sie berauben sich der Wirklichkeit.

Die Novizen, die Mönche, die Asketen, die, von den Ahnen beeindruckt, die Welt verlassen, lehren die Schriften und trocknen wegen zu viel Konzentration aus.

Andere berufen sich auf das Große Fahrzeug und auf Heilige Schriften. Sie meditieren auf Chakras und Mandalas. Sie spalten die Glückseligkeit in verschiedene Stufen auf.

Sie kommen nur vom Weg ab und schlagen sich, um zu wissen, ob dieser unbegrenzter Raum oder Leerheit ist.

Das Spontane zu vernachlässigen, um über die Freiheit zu debattieren, heißt, den höchsten Sinn zu verfehlen.

Wer vom Spontanen abweicht, wird die Befreiung nicht erlangen. Was nützen Meditation, Gaben von Öllampen und Mantra-Rezitationen?

Wozu Askese? Wozu Pilgerfahrten? Man befreit sich nicht, indem man ins Heilige Wasser eintaucht.

Verlasse jede Bindung, verzichte darauf, die Dinge in Gegensatz zueinander zu bringen. Das vollkommene Wissen kennt keine Merkmale. Sobald das Bewusstsein aufsteigt, ist alles befreit.

Hinter den Lehren und Abhandlungen, den philosophischen Diskussionen und heiligen Schriften ist nichts anderes als diese zu Füßen der Yogini entdeckte Wirklichkeit!

Möge sein Wort dein Herz nur für einen Augenblick durchdringen, und du begreifst, dass der Schatz in deinen Händen liegt. *Saraha* singt, dass die Welt der Illusion unterworfen ist und der Geist seine eigene Natur nicht kennt.

Saraha singt: Meditiere nicht, entsage der Welt nicht, lebe in Begleitung. Falls du nicht erlöst wirst, wenn du dich zutiefst an der Welt der Sinne erfreust, kann man da sagen, das dein Wissen vollkommen ist?

Wenn die Wahrheit offensichtlich ist, wozu meditieren? Wenn die Wahrheit versteckt ist, misst du nur die Finsternis aus. *Saraha* singt: Die Ewigkeit gehört weder zum Bereich des Seins noch zum Bereich des Nicht-Seins; berühre so das Spontane!

Saraha besingt spontan die geheime Tiefe der Welt. Bleibe nicht in der benommenen Herde gefangen! Was uns zur Geburt führt, uns leben und sterben lässt, ist das Herz des Höchsten.

Das Höchste meditiert nicht, warum soll man darüber meditieren? Das Höchste ist unsagbar, also schweige! Die Menschen sind Gefangene des Werdens, und niemand entdeckt die Natur des Selbst.

Gib Mantras, Abhandlungen, Objekte zum Meditieren und Konzentration auf! Das Bewusstsein ist makellos, beschmutze es nicht durch die Praxis! Höre auf, dich zu quälen, und verweile in der innigen Seligkeit!

Erfreue dich an Speise und Trank, sei glücklich, freue dich am Vergnügen, das du der Linie der Meister schenkst, denn so befreit man sich! Der Meister macht diejenigen kopflos, die sich an die Welt binden.

Saraha sagt dir, entspanne dein Bewusstsein, wohne im Herzen, dort, wo Sonne und Mond nicht tiefer eindringen als der Atem.

Gib die Dualität auf, wohne in der Einheit. Dein Wissen möge frei von Unterscheidung sein. Das Erschauern deiner Liebe möge in der Gesamtheit der Welten nur die Farbe des Einen wahrnehmen!

Dann entsteht nichts mehr, nichts wird entwickelt, nichts beendet. Das Werden erschöpft sich. Die Befreiung verschwindet. In der Höchsten Glückseligkeit kein Unterschied mehr zwischen dir und der Welt!

Überall, wo dein Blick sich hinwendet – nichts anderes als diese Wirklichkeit! Befreie dich von der Verirrung und gib alle Suche auf!

Der Meister wird dir sagen, dass sich das Ego am äußersten räumlichen Rand der Sinnesorgane ausstreut und sich dann der Körper des Spontanen manifestiert.

Saraha besingt diesen Körper, wo das Denken stirbt und der Atem verschwindet. Dieser Ort ist die höchste Glückseligkeit. Suche sie nicht woanders!

Bleibe in der Feinheit, oh Yogi, bleibe in der Vertrautheit dieser Erkenntnis, vermeide es, dich mit irgendetwas zu identifizieren, fließe mit deinem Denken, das aus demselben Wasser wie die Welt besteht.

Saraha singt, höre ihm zu. Keine Befreiung durch Meditation. Verwickle deine Gliedmaßen nicht im Netz der Illusion!

Ursprünglich ist der Himmel rein, aber der gebundene Mensch sieht ihn schließlich getrübt. Die Unvollkommenheit der Dinge kommt von deinem eigenen Denken!

Die Bindung an das Ego verhüllt die Wirklichkeit. Kritisiere die unterschiedlichen Wege nicht, entgehe der Verwirrung der Welt im Verhältnis zur Meditation und betrachte deine eigene Natur.

Die Quelle des Bewusstseins entgleitet dir, denn du entfernst dich vom Spontanen, um dir einen dreifachen Weg vorzustellen. Verlasse nicht den Ort, wo du lebst und stirbst.

Wenn du dich für die Quelle interessierst, wird dich die Lehre des Gurus dort hinführen. Die Vielfalt des Kreislaufs von Leben und Tod ist nur eine Form des Bewusstseins.

Niemand kann deine eigene Natur definieren, aber der Guru kann sie dir offenbaren. Im Verschlingen des Guten und Schlechten bleibt kein dunkler Bereich.

Wenn dein Herz vom Denken befreit ist, bist du mit dem Guru nur noch eins. Seine Eigenschaften sind die deinen. Ich, *Saraha*, habe ihn erkannt. Ich habe Mantra und Tantra aufgegeben, um dieses Gedicht zu singen.

Mit der an die Zeit gebundenen Tat legst du dir Fesseln an. Wenn du dich von absichtsvoller Handlung befreist, findet das Denken zu seinem Ursprung zurück, und du kennst die höchste Befreiung.

Das Bewusstsein ist der erschauernde Ursprung aller Entfaltung und aller Befreiung, das ist der verborgene Schatz, dem zu huldigen ist. Was also du ersehnt hast, das hast du!

Wenn das Bewusstsein gebunden ist, bist du gebunden. Wenn das Bewusstsein befreit ist, bist du befreit. Das ist sicher! Was die Nichtwissenden ankettet, befreit die Erwachten.

Das angekettete Denken stürzt in alle Richtungen davon. Befreit, bleibt es reglos, wie ein Kamel. Dieses Paradox ist klar.

Oh Yogi, verharre nicht wie ein Stein, dem man den Atem genommen hat, während du auf deine Nasenspitze starrst. Erfreue dich am Spontanen und höre auf, dich an die Zukunft zu binden!

Verlasse das unbeständige Pferd des Denkens, das seinen Lauf verändert wie der Wind. Verwirkliche deine eigene spontane Natur, und das Denken wird mit einem Schlag still!

Wenn das Denken sich niederlegt, ist der Körper befreit, alles gibt sich der Würze des Spontanen hin. Keine Kastenunterschiede und keine Brahmanen mehr!

Vor dir die göttlichen Flüsse Ganges und Yamuna, Benares und Allahabad, Mond und Sonne!

Ich habe die heiligen Orte gesehen, doch keiner ist so von Glückseligkeit durchtränkt wie mein eigener Körper.

Du kannst einen Lotos betrachten und nur Blüten, Herz, Blätter und Stängel darin sehen. Gib diese belanglosen Unterscheidungen auf, erblicke den Lotos. Ängstige dich nicht, quäle dich nicht, gib das Unnütze auf.

Gib die Praktiken, die Texte auf, und richte deine Suche auf den Körper aus, wo die Götter sich verlieren, dann wirst du das Absolute sein und jedes weitere Verlangen wird schwinden.

Erkenne diese Ambrosia, die sich vom Nicht-Wissen ausgehend bekundet. Diejenigen, die sich Erklärungen hingeben, finden die Transparenz inmitten der Aktivität nicht.

Oh Schüler, koste vom wunderbaren Geschmack der Wirklichkeit, deren Natur unsagbar ist. In diesem Körper, wo das Imaginäre aufhört, sich zu entfalten, taucht alles in Seligkeit ein.

In diesem Körper ruht sich die Intelligenz aus, entspannt sich das Denken, löst sich das Ego auf. Benutze die Meditation nicht, um auf illusorische Welten zu treffen.

Ein Ding zeigt sich und geht weg. Wenn es nicht mehr da ist, warum sollte es sich von Neuem zeigen? Wenn sich nichts manifestiert und nichts verschwindet, bleibe, wo du bist, sagt der Guru.

Benutze die Sinne, siehe, höre, berühre, schmecke, rieche, gehe, setze dich hin, aber tue all diese Dinge, ohne dich dem inneren Dialog hinzugeben. Bleibe in der Einheit und lasse das Denken los.

Wenn du nicht deinen Durst mit dem Wort des Meisters, einem Nektar der Unsterblichkeit, stillst, dann riskierst du, vor Durst zu sterben, verloren in der Wüste der Texte.

Gib Denken und Nicht-Denken vollständig auf. Sei wie ein Kind. Sei völlig vom Wort des Meisters überzeugt. So wird dich das unsagbar Spontane überraschen wie ein Tiger.

Eine Jungfrau kann die Lust der sexuellen Vereinigung nicht beschreiben. Ohne Sprache kann das Unaussprechliche nicht ausgedrückt werden. Das Absolute entzieht sich jeder Beschreibung.

Völlig befreit vom Sein und Nicht-Sein löst sich das Universum in dir auf. Der Gedanke wird reglos, der Kreislauf des Werdens hält an.

Um diesen unvergleichlichen Körper zu erhalten, erkenne das Höchste in dir selbst. Dann zerstreut sich der Irrtum – und du siehst das Selbst.

Ohne es dir vorzustellen, befreie das sexuelle Vergnügen vom Werden, und erkenne den höchsten und makellosen Sinn des Erschauerns.

Wenn die Ehefrau innen im Haus ist, sucht der Ehemann sie draußen. *Saraha* singt: Du, der du dich verirrst, erkenne das Selbst, das weder Gegenstand einer Meditation, noch eines Mantras, noch einer Konzentration sein kann.

„Legt der Meister das höchste Geheimnis dar? Werde ich ohne Unterscheidungsvermögen befreit sein?“, fragen sie sich. Die Jünger kommen und gehen. Sie irren in ihren Praktiken umher und begehen den Irrtum, das Spontane nicht zu erkennen.

Freue dich an der fühlbaren Welt, ohne durch die Sinneswahrnehmung eingeengt zu sein. Pflücke die Lotosblüte, ohne Wellen auf dem Wasser zu verursachen, wie ein Yogi, der für die Quelle der Dinge empfänglich ist und erschauert, ohne sich Fesseln anzulegen.

Vergeblich siehst und erkennst du einen Gott, du bleibst dennoch sterblich und dem Kreislauf des Werdens unterworfen. Außerhalb deiner eigenen Befreiung gibt es keinen Ausgang.

„Unser verehrter Meister predigt den Stillstand des Denkens, die Meditation mit geöffneten Augen, die Kontrolle des Atems“, sagen die Verirrten. Aber wenn der Atem im Moment des Todes von selbst aufhört, was machst du dann?

Die Handlung findet erst dann ihre Leichtigkeit, wenn das Spürbare erlischt. Man versteht dieses Geheimnis, indem man klarsieht, wo man sich in eben diesem Moment befindet.

Die Gelehrten kommentieren die Abhandlungen, aber sie kennen die absolute Natur in ihrem eigenen Körper nicht. Sie haben die mentalen Schwankungen nicht zerstört, und unverschämt behaupten sie, sich am Wissen zu erfreuen.

Durch die Unterweisung des Meisters verfeinert sich die Intelligenz, das ist das höchste Juwel. Warum soll man versuchen, dem Alter und dem Tod zu entgehen?

Wer sich in die Leerheit flüchtet, ohne die Welt mittels der Feinheit seiner Organe zu genießen, ist wie ein Vogel, der von einem Floß inmitten des Ozeans davonfliegt. Er fliegt, erschöpft sich bei der vergeblichen Suche nach Land und setzt sich von Neuem auf das Floß.

Saraha singt: Auf dass deine Freude am Fühlbaren von Anhaften frei werde. Unwissender, betrachte den Schmetterling, die Biene, den Fisch, den Elefanten und das Wild!

Was aus dem Bewusstsein aufsteigt, ist von identischer Natur mit dem, der bewusst ist. Unterscheiden sich die Wellen vom Wasser? Die dem Werden gleiche Natur ist jene des Raumes selbst.

Wer spricht? Wer hört zu? Wer pflichtet bei? Der Staub fällt ohne Unterlass in einen geschlossenen Raum zurück. So wie das, was vom Herzen aufsteigt, wieder ins Herz zurückfällt. Wasser in Wasser gegossen, hat nur einen einzigen Geschmack. Erkenne Qualitäten und Fehler als identisch, denn sie berühren sich.

Betrachte alles mit Gleichmut, ohne dich an die Leere zu binden. Sogar die Spreu eines verschluckten Sesamkorns kann Risse und Schmerzen verursachen.

„Ich denke dies, ich denke das…" Die Perle der Handlung erfüllt alle Wünsche. Merkwürdig, dass die, die sich dem intellektuellen Wissen anvertrauen, ihrem Niedergang entgegengehen, während doch die große Seligkeit in ihrem eigenen Herzen wohnt.

In dieser Seligkeit ist jede Form unendlicher Raum. Wer sein Denken in der Gleichheit seiner eigenen räumlichen Natur festmacht, raubt seinem Denken die Grübelei und freut sich an der höchsten Spontaneität.

Überall spricht man von Reinheit, aber wer kennt die Bleibe der großen Seligkeit? *Saraha* singt: Die Welt ist nichts als Bewusstsein, und niemand kann das Nicht-Bewusstsein verstehen.

Das Göttliche ist Eins, aber es wird in allen Traditionen unterschiedlich offenbart. Jeder nimmt es seinem Wunsch gemäß wahr.

Jeder glaubt, der Herr sei auf seiner Seite, und sieht die anderen als Feind. Wenn man den Einen verschlingt, verzehrt man alle anderen. Gehe nicht aus, um die Gattin zu suchen.

Der Höchste Herr kündet weder sein Kommen noch sein Gehen an. Erkenne den Makellosen, den Nicht-Aufgewühlten.

Höre mit dem Kommen und Gehen auf. Wie wirst du sonst die gänzlich erschauernde Spielerin erkennen?

„Auf das reine Bewusstsein wird in der Mitte zwischen den Augenbrauen meditiert", sagen sie. Gib doch alle Unterscheidung auf. Sobald du den Körper nicht mehr aufspaltest, nicht mehr das Wort vom Gedanken trennst, wirst du dich an deiner eigenen Natur des Spontanen erfreuen.

Wenn die Frau spontan den Mann verschlingt, hat der keine Zeit mehr, sich zu erheben. Die Yogini ist unvergleichlich!

Sie verschlingt den Mann und genießt das Spontane, denn ihre Liebe ist jenseits der Grenzen von Anziehung und Zurückweisung. Als sie neben dem Yogi, mit dem sie zusammenlebte, saß, ist mir diese Yogini, die das auf Erfahrung beruhende Bewusstsein zum Verschwinden gebracht hat, erschienen.

Man kann ohne Überlegung trinken und essen, denn das, was im Bewusstsein erscheint, ist außer Reichweite, und das Denken beruhigt sich. Der Zauber der Yogini ist ohnegleichen!

In ihr steigt Nacht und Tag die dreifache Welt auf. Das Bewusstsein der Yogini kennt den Zauber des Spontanen.

Während die Welt durch die Sprache gequält ist, lässt man die Sprache, sobald man sich von ihr befreit, herumwirbeln.

Innen und außen identisch, fest gegründet, ist das Substanzlose im Körper verborgen. Wisse es, und sei befreit.

Ich habe gelobt, Erfolg zu haben, aber das Wasser des Lebens hat mich vergessen lassen. Ich kenne ein Wort genau, aber ich habe seinen Klang vergessen.

Wenn du nicht weißt, dass alles deine eigene Essenz ist, wie willst du dann die große Seligkeit im Moment der sexuellen Vereinigung erlangen? Wie ein verdurstendes Wild, das einer Fata Morgana zum Opfer fällt, einer weit entfernten Wasserfläche nachläuft, riskierst du, vor Durst zu sterben, ohne die himmlische Flüssigkeit zu berühren!

Was ist die Fata Morgana? Die Welten, die Sinnesorgane und ihre wechselnden Objekte. Ich verhehle nichts.

Mögen die Gelehrten diese Worte ohne Hintergedanken anhören: Das hat die Yogini mich gelehrt, warum sollte ich ein Geheimnis daraus machen?

Diese Liebesspiele zwischen Frau und Mann: Wer genießt sie nicht? Gibt es jemanden in der dreifachen Welt, dessen Verlangen sie nicht stillen?

Diese Spiele können zur Glückseligkeit gehören, zum Weg oder zur Vereinigung zu zweit. Jener, welcher sie durch die außergewöhnliche Gnade seines Gurus kennt, ist selten!

Diese unendliche Tiefe, in der es weder einen selbst noch die anderen gibt, diese innige Erfahrung, genieße sie in der höchsten Seligkeit des Spontanen!

Der Mond, Perle der Dunkelheit, erhellt die Finsternis, wie diese höchste Seligkeit das Leiden in einem Moment auflöst.

Wenn die Sonne aufhört, die Erregung zu beleuchten, erhebt sich die Königin der Sterne, und die ganze wunderbare Erscheinung scheint magisch zu sein. So verhält es sich auch mit den mystischen Kreisen und Rädern.

Begreife, oh Nichtwissender, blitzschnell alles Bewusstsein als Bewusstsein, und gib sofort jegliche Meinung auf. Finde in der Großen, Höchsten Glückseligkeit die tiefe Fähigkeit, alles zu tun.

Der König der Elefanten, das eindeutig befreite Bewusstsein, bringt den beweglichen Berg dazu, am Ufer des Flusses zu bleiben und löscht daraus seinen Durst, wie es ihm beliebt.

Packe die Sinnesorgane wie einen Elefantenrüssel. Was den gewöhnlichen Menschen tötet, befreit den Yogi, der wie ein geschickter Dompteur ausweicht.

Stelle dir keine Unterscheidung zwischen Welt und Befreiung vor, erkenne sie als makellos, ohne Verankerung.

Ohne dein Haus zu verlassen oder dich in den Wald zurückzuziehen, kenne dein Denken, wo immer du bist. Wenn du im Erwachen des Einen Geistes wohnst, gibt es keine Bindung oder Befreiung mehr.

Das Erwachen findet nicht statt. Kenne dieses Geheimnis und sei unversehrt in der ursprünglichen Natur deines makellosen Bewusstseins.

„Da ist mein Körper, da ist ein anderer Körper"... sagt der Unwissende. Löse diese Verbindung an die Trennung, die dich gefangen setzt, auf und befreie dich!

Begehe nicht den Irrtum, dich von anderen abzuheben, denn alles ist *Shiva*, makellos und höchstes, reines Bewusstsein in seiner wahren Natur.

Der Baum des nicht-dualen Bewusstseins dehnt sich über die Welt aus. Seine Blüten sind die Liebe, seine Früchte die Gabe.

Der Baum der Leere ist voll mit Blüten und Taten der Liebe, die Früchte zeigen sich spontan, denn die Seligkeit ernährt das Denken des anderen nicht.

Der Baum der Leere kennt kein Mitgefühl, er ist ohne Äste, Blüten und Blätter, und wenn du sie dir vorstellst, fällst du in den Raum!

Diese beiden Bäume entsprießen einem einzigen Samen und geben nur eine Frucht. Wer sie nicht in Gegensatz zueinander bringt, ist von allem befreit, sogar von der Erlösung!“[41]

---

41 Ein Gesang zu Ehren des Spontanen. Nach der unveröffentlichten Version von Lalita Devi. Franz. Übers. Daniel Odier.

Der Mond wollte verschwinden, und ich sang
Den Wahnsinn meines aufgewühlten Herzens,
Völlig bloß gelegt durch *Shivas* Liebe, durch die Liebe zu Ihm.
Ich schrie: Die Wahrheit suche ich! Die Wirklichkeit!
Der Rubin des Selbst erwachte, aufgegangen bin ich darin,
Und mein Körper wurde zum Gefäß des Göttlichen.

Lalla

Gleitende Interpretationen

Eine genauere Überprüfung der ersten Texte des kaschmirischen Mahamudra – vom *Kaulajnananirnayatantra* von *Matsyendranath*, das wie durch ein Wunder der Vereinnahmung entschlüpft ist, abgesehen – zeigt genau, wie die Verschiebung geschehen ist. Die Gesänge des *Saraha* sind ein Idealbeispiel.

Man muss sich die Frage nach der Originalsprache der Gesänge stellen, die Sanskrit zu sein scheint, wird *Saraha* von den ersten Kommentatoren und tibetischen Übersetzern doch „der Große Brahmane" genannt. Sie räumen ein, dass *Saraha* Kaschmiri war, auch wenn manche seine Geburt nach Bengalen oder Benares verlegen. Die zeitgenössischen Historiker ordnen ihn der Zeit zwischen dem 2. und dem 8. Jahrhundert unserer Zeitrechnung zu, aber „die Hypothese, dass er im 2. Jahrhundert unserer Zeitrechnung gelebt hat, ist überaus plausibel".[42]

Man muss sich anschließend die Frage nach dem Charakter seiner zutiefst ikonoklastischen Gesänge stellen, die sich über den Buddhismus, aber auch über die Brahmanen und alle Schulen, Tantra inklusive, lustig machen, über ihre Regeln, ihre Rituale, ihre Konventionen, um dann über ein reines und unmittelbares, mystisches und nicht religiöses Wissen zu singen, das sich nicht mit irgendeiner Zugehö-

42 Herbert Guenther, Ecstatic spontaneity. Saraha`s three cycles of Doha. Asian Humanities Press, Berkeley 1993

rigkeit abfinden will, denn *Saraha*, der Brahmane, befreit sich von seiner eigenen Tradition. Nach der Begegnung mit der Yogini, die einen schicksalshaften Pfeil abgeschossen hat, ihn in ihr Universum der verrückten Weisheit bringt und in Mahamudra einweiht, kann man sich seine, wie man uns versucht glauben zu machen, Bekehrung zum Buddhismus und sein anschließendes Mönchstum nur schwer vorstellen.

Mehrere Gelehrte, die sich mit diesem Zeitraum befassen, haben, was *Sarahas* Hagiographie betrifft, manchmal vorsichtige Zweifel geäußert. Man findet Hinweise darüber im Werk von Lara Braitstein, die die schöne Idee hatte, zum ersten Mal „Die diamantenen Gesänge"[43] von *Saraha* zu übersetzen, dabei handelt es sich nicht um die drei bereits bekannten und hinreichend übersetzten *Dohas*. Sie verstand es, die spontane Seite der Gesänge wiederzugeben, ihre von mystischer Erfahrung aufgeladene Einfachheit. Es gelang ihr dort, wo viele Universitätsgelehrte diese Gesänge in den Netzen ihres Wissens ertränken und den direkten Zugang erschweren, der doch gerade von den *Mahasiddhas* beabsichtigt war: Eine von Herz zu Herz gehende Übertragung, die nicht über die Sprache geht. Man trifft hier wieder auf die Idee von *Bodhidharma*, den Gründer des *Chan* im 6. Jahrhundert.

Zu den „Afficionados" von *Saraha* gehört der dritte *Karmapa*, der Yogi *Rangjung Dorje* (1284 – 1339), dessen erhabene Ansicht über die „historische" Lage von *Saraha* jedermann zufriedenstellen könnte:

„Der Meister, der Große Brahmane,
Ist unser eigener Geist.
Und in diesem Kreis, wo die mannigfaltigen Erfahrungen einen einzigen Geschmack haben […]

43 Lara Braitstein, a.a.O.

Freut Euch! Die symbolischen Lehren des Großen Brahmanen
Sind wahrhaftig wunderbar!“

Wie Lara Braitstein anmerkt, ist ihre Übersetzung zweifellos nur die zweite oder dritte Version des Originals (*Apabhramça*, eine aus dem Sanskrit abgeleitete Sprache oder direkt aus dem Sanskrit) von *Saraha*, dem Großen Brahmanen. Die Übersetzung der drei unter dem Titel *Ecstatic Spontaneity, Saraha's three cycles of Doha* von Herbert Guenther[44] herausgegebenen *Dohas* erlaubt es, sich eine Vorstellung von den sukzessiven Verschiebungen im 41. Vers des *Doha der Königin* zu machen:

„Ein shivaitischer Yogi, in dem sich die von Shiva selbst übertragene diamantene Gegenwart manifestiert hat und der, furchtlos geworden, stolz den Dreizack trägt, begibt sich auf die Suche nach einer Yogini, die außerhalb der Regeln lebt.“

Und die buddhistische Übersetzung:
„Ein buddhistischer Yogi, in dem und durch welchen die Einheit und die diamantene Gegenwart der männlichen und weiblichen Kräfte arbeiten, muss sich auf das Bildnis einer Dakini konzentrieren, das am Rand seines Bewusstseins und seines Unbewussten entstanden ist. Es wird ihm dauerhafte Glückseligkeit schenken, die die vortrefflichen Zeichen des spirituellen inneren Reichtums aufweist.“

Diese beiden Stellen zeigen uns, wie die Suche des shivaitischen Yogis nach einer eingeweihten Partnerin, die fähig ist, die mystische Offenbarung und die erotische Erfahrung in einen Strom von „Spanda“ oder Vibration hineingleiten zu lassen, vom buddhistischen Mönch zu einer inneren Erfahrung wird und nicht in die Tat umgesetzt. Auf

44 Herbert Guenther, a.a.O.

alle Fälle sind die tibetischen Versionen länger, fügen Begriffe hinzu, die die *Dohas* eigentlich aufzulösen bestrebt sind, sie arbeiten mehr mit Querverweisen und verlieren ein wenig die direkte Magie, die das Herz des Tantrika durchdringen müsste. Eine der großartigen Ideen, die man in den Gesängen der Yogis und Yoginis findet, besteht darin, dass ihre Kargheit, ihre mit mystischer Erfahrung aufgeladene Intensität die Macht besitzt, beim Hörer dieser Gesänge jene erste Erfahrung herbeizuführen, die die Gesänge dem Herzen hat entspringen lassen. Man findet diese Unmittelbarkeit in den Gesängen von Lalla:

Wenn der Geist, der unterscheidet, einnickt,
Erwacht die Kundalini!
Die Quelle der fünf Sinne sprudelt ohne Unterlass.
Das Wasser des immerfort strömenden
Gewahrseins der Welt
Schmeckt süß – ich biete es Shiva dar.
Das fortwährende Erschauern des Bewusstseins
Ist der höchste Zustand.

In den folgenden Versen desselben Gesangs ist die Beschreibung eines Yogis eindeutig die eines Shivaiten;

„Wenn er sich auf einer Verbrennungsstätte aufhält, freut er sich am funkelnden Schimmer, ohne Angst schläft er an den von Geistern geplagten Orten, er knüpft Freundschaft mit den Unberührbaren, er zieht die Leichenkarren, er akzeptiert die von anderen verkündeten Normen nicht."

„Wenn er an Festlichkeiten teilnimmt, wo Yoginis und Yogis tanzen, Musik machen und spielen, ist er unermüdlich. […] Als Bekleidung trägt er eine Wolldecke über seinen Schultern, er bedeckt seine Arme und Beine mit Kupferbändern, er bindet seine langen Haare mit einem Elfenbeinring oberhalb seines Scheitels zusammen. Er ziert seinen Oberkörper mit Geschmeiden aus Knochen, einer Elefantenhaut und Tigerfell, er trägt eine Glocke und den Dreizack."

„Er benimmt sich wie ein verrückter Elefant oder spielt die Rolle eines Idioten und nimmt frei am Leben teil, er ist ein Mystiker, dessen Geist fortwährend süchtig ist, er ähnelt einem Elefanten, der absichtlich in einen Teich taucht und das genießt, was für andere abstoßend sein kann, aber er bleibt frei, singt *Saraha.*

Wer die ganze Wirklichkeit der Erscheinungen in ihrer Vielfalt mit der einzigartigen Würze der mystischen Erfahrung manifestiert, ist der innere vertrauenswürdige Ratgeber, und ihr müsst ihn auf eurem Scheitel platzieren, diesen edlen Unübertrefflichen, der einem Gänseschnabel gleicht."[45]

45 Die Gans hat in der tantrischen Tradition die Fähigkeit, Wasser von Milch zu scheiden und nur die Milch zu trinken. Es ist auch eine Referenz an *Ham Sa*, den absoluten Urzustand im Herzen des Seins.

Wer den Kampf aufgibt, der findet
Die Frucht des Paradieses.
Wenn er Wort für Wort
Dem Unterricht des Gurus folgt,
Entdeckt er Wahrheit und Glückseligkeit.
Dann gelangt die Erkenntnis
Des Selbst zur Reife.

Lalla

Herz zu Herz 6

Das Wirkliche

Die Blicke ineinander versunken, Knie gegen Knie, meine Sinne in ihrer Vibration ausgestreut, trinkt mein Körper die Lehre. Lalita spricht mit kräftiger Stimme, als ob es zahlreiche Zuschauer gäbe. Vielleicht spricht sie zu den Bäumen, den Vögeln, der Erde, zum Wasserfall und zum Himmel:

„Was ist die Wirklichkeit? Die Wirklichkeit ist eine ungeteilte Wahrnehmung des Bewusstseins, das in allem die Manifestation der in seinem kosmischen Körper integrierten Gesamtheit sieht. Alles ist zugleich Bild und Spiegelbild von *Shiva/Shakti*, durch das Bewusstsein vereinigt. Die Unterteilung in das Bewusstsein eines Phänomens und das absolute Bewusstsein schmilzt in einer ganzheitlichen Wahrnehmung, denn das Bild des Körpers, das durch den Spiegel reflektiert wird, ist nichts anderes als das Bild des Kosmos. Die Tantriker leugnen die von den Buddhisten behauptete Unstetigkeit der Phänomene nicht, aber sie sind sich der unerschütterlichen Stetigkeit des Bewusstseins in seiner Wahrnehmung des Unstetigen sicher. Die Sinne selbst sind die Manifestation der Macht des Bewusstseins, aus dem sie emporkommen. Sie ernten das Wirkliche, indem sie aus dem Herzen hervorkommen, und bringen die Wahrnehmungen in einem fortwährenden Kommen und Gehen zum Bewusstsein zurück. Sie werden auch als rote Göttinnen betrachtet, die in einem entfesselten Tanz die Schönheit des Wirklichen sammeln. Das Bewusstsein ist der Ursprung und das Sammelbecken alles Wahrnehmbaren, es ist die absolute Wirklichkeit!

Ich lehre dich jetzt die *Kaula*-Praxis der acht roten Göttinnen, die vom Herzen ausgeht, um das Wirkliche zu sammeln. Auf dem *Kaula*-Weg ist das Herz das Hauptzentrum der Energie. Die Herz-Praxis der Yogini gilt als die Höchste Praxis des *Sadakha*, denn sie verbindet ihn ohne Unterlass mit der Herzensenergie, indem sie mit der in ihrer Wirklichkeit wahrgenommenen Welt einen Wirbel verursacht, der die Herzensenergie ohne Unterlass nährt. Wirklichkeit und Absolutes verschmelzen miteinander. Das ist die Geheimpraxis der vierundsechzig Yoginis, die die acht Chakras in Schwingung versetzen. Das ist der Gipfel des Weges, der zum Unvergleichlichen führt, die Entdeckung des Grenzenlosen, das Herz der Göttin. Die Energie des Herzens kreist ohne Unterlass. Die roten Göttinnen kommen daraus hervor, ernten das Wirkliche und bringen dessen innerste Substanz in das Herz des Praktizierenden. Das Herz ähnelt nun einem Bienenstock, die roten Göttinnen Bienen, die den Blumen Pollen entnehmen und die Tracht einbringen, um damit die Herzenskönigin zu nähren. Das unablässige Sprudeln ruft Freude und Seligkeit hervor und offenbart das *Spanda*, es löst die Knoten des Egos auf und bringt Erlösung. Man bezeichnet das Herz auch als *Shakti-Chakra*. So gibt es eine Doppelspirale, die aus dem Herz-Zentrum emporsteigt und dorthin zurückkehrt.[46] Diese Praxis führt zur stetigen Integration des Wirklichen im Herz-Zentrum. Die an das Ego gebundenen Sinnesfreuden leeren das Reservoir des Herzens,

---

46 Daniel Odier, Tantric Kali, a.a.O., Abb, S. 84

während die Praxis der Roten Göttinnen es unaufhörlich auffüllt. Doch gilt es, drei Hindernisse zu überwinden:

- Das Hindernis der egotistischen Individualität.
- Das Hindernis, seine Fülle und seine Identität mit *Shiva/Shakti* nicht zu erkennen.
- Das Hindernis, das aus sinnlichen Vergnügungen eine Ablenkung macht, einen Verlust der absoluten Essenz, wenn sie nicht mit dem kosmischen Körper verbunden sind.

Derjenige, der in jedem Augenblick das Universum in seinem eigenen Bewusstsein auflöst und es dann von Neuem manifestiert, indem er es auf die Welt projiziert, wird zu *Bhairava/Bhairavi*.

Diese Praxis führt zum Höchsten."

„Werde dir gewahr, dass die Wirklichkeit mit deinem eigenen Herzen identisch ist, der Wohnstatt der roten Yoginis.

Die Ebenen der Realität winden sich um das absolute Bewusstsein herum.

Das Feuer des kennenden Subjekts, die Erfahrung des gekannten Objekts unter dem Aspekt von Sonne und Mond bilden eine Spirale, die sich unaufhörlich ins Herz ergießt und von dort aufsteigt.

Die Wirklichkeit löst sich im Feuer des Herzens auf, sie sprudelt daraus hervor.

Dieser unaufhörliche Wirbel offenbart die wahre Natur des Seins.

Das *Shakti-Chakra* des Herzens genießt sämtliche sinnliche, emotionale und mentale Formen, die Göttinnen ernten unaufhörlich die Wirklichkeit, um sie im Herzen aufzulösen.

Die äußerlichen Objekte werden als identisch mit dem Absoluten Bewusstsein im Feuer der Nicht-Dualität erkannt.

Die Spuren und Rückstände der Wahrnehmungen lösen sich auf.

Es ist die Vereinigung von *Bhairava/Bhairavi* im Herzen.

Durch diese Praxis erhält man übernatürliche Kräfte, nicht im Sinn der alten Tantras, wo man sich auf Kräfte beruft: Von einem Ort zum anderen fliegen zu können, zu verschwinden, sich an mehreren Orten gleichzeitig zu manifestieren, seine Größe auf winzig klein zu reduzieren, auf das Unendliche auszudehnen, seine Wünsche erfüllt zu bekommen, unwiderstehlich zu sein, die Dämonen in seinen Bann zu schlagen, hellsichtig zu sein, den Geruch von Göttern und Göttinnen zu erkennen, göttliche Musik zu hören und vieles mehr. Für mich jedoch sind *Siddhis* der Ausdruck vollkommener Übereinstimmung mit dem Wirklichen. Nach dem Erwachen gibt es nur eines zu tun: Mit dem Wirklichen in Anmut übereinzustimmen! Diese Lehre ist in Form von Energie in dein Herz hineingelegt. Sie wird zu gegebener Zeit nach der Reifung aller Praktiken wieder zutage treten. Sie geht nicht über den Verstand. Sie schreibt sich in dich ein wie ein unvergessliches Lied. Sie wird auch auf direkte Art über Träume zu dir gelangen. Habe Vertrauen, mache dir keine Notizen, wenn du in deine Hütte zurückgehst. Du würdest Gefahr laufen, diesen kostbaren Nektar zu verlieren. Die Unkenntnis erfasst die Essenz der Lehre, der Herz/Geist erstattet sie eines Tages zurück und überträgt sie. Möge dieses in dein Herz eingemeißelt sein!

Wir machen jetzt eine Praxis, die die Verschmelzung von Geist und Verstand herbeiführt. Schaue mich an. Konzentriere dich auf dein Gehirn. Stelle dir vor, dass der Atem eine rote Welle eindringen lässt, die alle Hirnwindungen überschwemmt. Es ist ein schönes, flüssiges, leuchtendes Rot wie Rubin.

Nach und nach wird dein Gaumengewölbe weich, deine Zunge entspannt sich und ein erster Tropfen flüssigen Rots sickert durch den

Gaumen und fällt in den mittleren Kanal bis ins Herz, das von diesem Tropfen genährt wird. Dann ein zweiter Tropfen, ein dritter.

Der Rhythmus beschleunigt sich, und nach und nach verwandeln sich die Tropfen in einen flammendroten Faden, der fließt und das Herz anfüllt. In dem Maße wie das Hirnreservoir seine Farbe verliert, wird es von einem diamantenen Schimmer ersetzt.

Herz und Geist sind nun vereint. Der Schimmer des Herzen breitet sich im ganzen Körper aus, nur das Gehirn bleibt räumlich und diamanten. Dieser Körper fluktuiert im Raum, vom Atem getragen.

PHAT!"

Der machtvolle, von Lalita ausgestoßene Klang des *Phat* trug mich immer in einen unendlichen Raum. Er machte jegliche mentale Spur zunichte und projizierte den Körper in seine absolute Dimension.

Endlich hat der Guru mich unterwiesen.
Er hat mir gesagt: "Kehre deine Suche um.
Wende deinen Blick nicht mehr nach außen,
Halte ihn fest auf das Selbst gerichtet."
Der Geist der Unterscheidung nickte ein,
Und da schloss ich diese Wirklichkeit ins Herz:
Ich fing an zu tanzen, nackt!

Lalla

Das Land der großen Magie oder das Reich der Yoginis

In den ersten tantrischen Texten wurde Kaschmir „Das Land der großen Magie oder das Reich der Yoginis“ genannt. Es war die Schnittstelle von all jenen, die die Übertragung der Yoginis erhalten wollten, die Übertragung, die jene, welche die Unterweisung erhalten und anschließend nach Tibet übermittelt hatten, so geschickt ausradiert hatten. Glücklicherweise haben aktuelle Arbeiten begonnen, die kaschmirischen Yoginis aus der Oddiyana-Region als die Urheberinnen von Mahamudra und *Dzogchen* anzuerkennen, indem sie ihre Namen und ihre mystischen Gedichte aufgedeckt haben. Desgleichen wirft heute die Annektierung der kaschmirischen *Mahasiddhas* durch den Buddhismus, dessen im 8. Jahrhundert aufgetauchten *Mahasiddhas* mit einer Reihe von shivaitischen aber auch jainistischen *Mahasiddhas* seit dem 2. Jahrhundert Vorgänger hatten, zahlreiche Fragen auf. Durch diese zweifache Verschleierung haben es die Mönchsorden geschafft, die Lehren von Mahamudra einzubinden, die in ihrer Essenz zu revolutionär waren, um sich mit der Unterwerfung unter eine herrschende religiöse Klasse abzufinden. Mahamudra ist ein mystischer Weg, der von jeglicher Treuepflicht zur Macht entbunden ist. Yoginis und Yogis preisen absolute Freiheit, leidenschaftliche Erforschung, eine kreative Vision, eine ganzheitliche Lebenskunst, ohne auch nur irgendetwas von der Praxis auszuschließen. Keine Spur von Puritanismus oder Transzendenz, denn alles ist im Ursprung rein und schimmernd. Wir sind *Shiva/Shakti.*

„Man weiß zum Beispiel, dass *Sahajayoginicinta* die Geheimlehren an *Ghantapa* und *Padmavajra* übertragen hat, *Shrisukha* gab sie an *Padmavajra*, *Lakshminkara* an *Jalandhari*, *Bhadri* an *Kanha*, eine bengalische Yogini an *Atisha*, die Tochter einer Kurtisane an *Urgyampa* und *Samantabadhri*, *Sukhasiddhi*, *Kanashri*, *Gangadhara* (die *Shakti* von Maitripa) und *Niguma*, die *Khyungpo Naljor* einführte. *Karopa* erhielt die geheimen mündlichen Belehrungen von *Lakshmi*, der großen *Kaschmiri*, und erhielt auch die Initiation durch eine andere Frau, *Kumudara*, während *Jnanapada* die tiefen Unterweisungen von der Yogini *Guneru* erhielt."[47]

Von diesen ersten Übertragungen sind nur noch wenig Originalgedichte vorhanden, denn sie wurden, laut einer kaschmirischen Redewendung, von Lippen zu Lippen übertragen beziehungsweise gemurmelt. Aber es gibt eine wunderbare Spur, die von *Sahajayoginicinta* im 8. Jahrhundert hinterlassen wurde:

Dieses Gedicht besingt direkt die Vorgehensweise von Mahamudra, wo es nichts abzuschneiden, zu vermeiden, zu reinigen gibt. Es ist eine erotische Askese, insofern man klar versteht, dass diese Einweihungen Yogis und Yoginis erteilt wurden, für die das *Samadhi*, die nicht-duale Ekstase, eine fortwährende Erfahrung war, und nicht, wie es sich manche im Westen vorgestellt haben, ein Mittel, um die mystische Ekstase zu erreichen. Die sexuelle Vereinigung vermehrte die bereits existierende Ekstase um eine intensive Qualität des Erschauerns. Jene, welche die häufig lange und schwierige Reise ins Kasch-

47 Miranda Shaw, a.a.O., S 179 - 180

mir unternahmen, kannten die mystische Ekstase bereits. Aber sie wollten eine Ekstase jenseits der manchmal extrem harten Entsagungen, die sie sich auferlegt hatten, erfahren, indem sie zum Weiblichen zurückkamen, zur Natur des Selbst, die die Gesamtheit umfasst und auf keine Erfahrungen der Sinne verzichtet. Es ist eine Rückkehr zum Ursprung, der großartig von *Sahajayoginicinta* besungen wird, es ist diese kosmische Vision, die in China, Tibet und Indien verbreitet werden sollte, aber auch im Mittelmeerraum.

> Im höchsten Königreich Oddiyana,
> Als sich dort strahlende Yoginis versammelten,
> Begab sich *Sahajayoginicinta* in unendliche kosmische Versenkung,
> Die unmittelbar die vibrierende Energie der absoluten Wirklichkeit
> überträgt,
> Welche aus der Erkenntnis der höchsten Wahrheit entspringt.
> Sie manifestiert sich durch den Ausdruck der Wirklichkeit ihres
> Körpers,
> Glorreicher Honigfluss, Weisheit, die von ihrem lotosgleichen
> Gesicht sich ohne das geringste Stocken ergießt.
> Das Selbst ist spontan *(Sahaja)*, natürlich rein und nicht dual,
> Das Selbst manifestiert sich als Mann und Frau.
> Das eigene Selbst, von Natur aus schöpferisch,
> Manifestiert die Wirklichkeit als körperlichen Ausdruck.
> Wenn er eine entzückende Frau sieht,
> Spontan erleuchtet und in verkörperter Form erscheinend,
> Schaut ein Yogi sie mit spielerischer Leidenschaft an,
> Und Verlangen nach Entzücken und Wonne entsteht.
> Sanfte und tiefe Laute entströmen seiner Kehle.
> Wie ein Tänzer, wie in einem Traum,
> Erfreut sich das Selbst an den fünf Arten des erotischen Spiels.

Dann zieht er, mit aufrichtigen Worten,
Die Yogini an sein Herz.
Er überschüttet sie mit berauschenden Düften
Und erfreut seinen Geist an ihrem bezaubernden Wohlgeruch.
Nach dieser Erfahrung
Sind Glückseligkeit und Wonne hundert Vasen Nektar gleich.
Sie vereinen sich, ohne zu zögern
Und genießen die Abstufungen der Ekstase.
Die Yogini, mit verlangenden Blicken,
Spricht Worte, süß wie Honigtropfen.
Sie vereint sich mit ihm,
Als sie ihre Lotosblüte bewegt,
Entspringt ein Schauer der Glückseligkeit.
Das tiefe Selbst, ganz und gar dabei,
Bleibt auf einen Punkt gesammelt.
Während sie sich unterschiedlichen Arten von Küssen widmen
Und sich am Geruch des anderen erfreuen,
Während sie sich dem Liebesspiel hingeben,
Leidenschaftlich beißen, kratzen,
Rufen sie noch intensivere Ekstase hervor,
Die Spuren der Fingernägel zerstreuen die Verblendung.
Durch den Geschmack des Verlangens
Weiß man allmählich nicht mehr,
Wer der Andere ist
Und was einem selbst geschieht.
Die Liebenden erfahren unbeschreibliche Seligkeit,
Wie sie diese bisher nicht kannten.
Sie waren durch einen Strom
Von Vorstellungen begrenzt,
Die durch den Geist entstanden und geschaffen waren.

Solange sie aber vereinigt sind,
Wird ihr Geist von nichts getrübt,
Sie sind allein der Wonne gewahr.
Ihr leidenschaftlicher Atem,
Nicht abgelenkt durch irgendetwas anderes,
Erlangt unübertreffliche Fülle,
Die immer noch sich steigert.
Sie erwachen aus dem Dämmerlicht der Unwissenheit
Und genießen den Reichtum der Glückseligkeit.
Diese steigert Entzücken und Wonne.
Die menschliche Wonne mit ihren besonderen Merkmalen,
Ist eben das, was zur spirituellen Ekstase wird.
Wenn diese Merkmale verschwunden sind,
Frei von begrifflichem Denken,
Ist es die Essenz der selbsterscheinenden Weisheit.
Weil der Geist, von feinem Wind getragen,
Seine ursprüngliche Essenz sucht,
Wird er, sobald er befriedigt ist,
Nicht mehr von anderen Richtungen abgelenkt.
Er ruht in strahlender Wirklichkeit,
Deren Essenz Methode und Weisheit ist.
Dringt man in die Organe der Sinne ein
Und erfährt man den Überfluss der Köstlichkeiten,
Erlangt diese Welt den einzigartigen Geschmack der spirituellen Ekstase.
Wie soll man spirituelle Kinder erhellen,
Deren ursprüngliche Natur durch
Das Knospentreiben der Vergangenheit verdunkelt ist?
Alle Bewegungen,
Die spontan dem erwachten Herz entspringen,

Ihrer Essenz nach rein,
Werden zu heiligen Gesten.
Jedes Wort ist heilig,
Das Tun, sei es anmutig, heroisch, furchterregend,
Mitfühlend, wütend, stolz, besitzergreifend, neidisch,
Alle, ohne Ausnahmen
Sind die vollkommenen Formen
Der reinen aus sich selbst erleuchteten Weisheit.[48]

48 Miranda Shaw, a.a. O. Deutsche Übersetzung in Anlehnung an die Übersetzung von Thomas Geist/Heike Münnich

Tausendmal bestürmte ich meinen Guru:
Was ist der Name von dem, den man nicht kennen kann?
Wieder und wieder habe ich ihn gefragt – umsonst.
Alleine habe ich die Antwort gefunden:
Der Ohne Name, Nicht zu Kennende,
Er ist die Quelle jeglicher Empfindung!

Lalla

Herz zu Herz 7

Die leuchtenden Kugeln und der Regenbogenkörper

Für die letzte Übertragung hatte Lalita eine Neumondnacht ausgewählt. Nur das Geräusch des Wasserfalls und der Duft des Waldes umhüllten unsere Körper. Sie saß mir gegenüber und offenbarte die Energie der Übertragung, ihr Körper leuchtete, trotz der schwarzen Nacht. Ich spürte, wie sie vibrierte, ihre von kosmischer Bewegung aufgeladenen Zellen wanderten zu meinen, vereinigten sich mit ihnen, sie öffneten den Pfad der Worte und ihrer so tiefgründigen Musik. Von meinem ersten Meister, Kalu Rinpoche, wusste ich, wie kostbar die Praktiken des Regenbogenkörpers sind. Er manifestierte zur Verwunderung seiner Schüler oft Erscheinungen dieser Phänomene, wenn er ein Ritual vollzog. Auch Lalita manifestierte mit ihrer subtilen Leichtigkeit und ihrem Wesen Regenbögen. Bei jeder Übertragung nahm ihre Stimme unterschiedliche Farben und Intensitäten an, manchmal wie von anderswo, wie die Manifestation einer Yogini der Linie. Das Timbre, der Widerhall ihrer Stimme, das Geheimnis, mit dem diese sich auflud, hüllten den ganzen Körper ein, dann plötzlich drangen sie bis ins Herz. Die Pausen zwischen den Sätzen konnten sehr lang sein, die Worte konnten eruptiv, wie Vulkane emporschießen. Ich war immer überrascht, dass ihre Stimme in diesen intensiven Momenten niemals mit jener unserer täglichen Unterhaltungen identisch war. Eine Macht von anderswoher, aus den Tiefen des Kosmos emporgetaucht. Dieses Mal legte sich ihre rechte Hand auf mein Herz, und die Stimme begann hervorzuquellen, sanft und mit tiefen, serpentinengleichen Vibrationen aufgeladen.

„*Bhairavis* Energie ist in mir, sie ist es, die dich in die Sphären und den Regenbogenkörper einweihen wird. Wenn sich die Praxis bis zu einem bestimmten Maß vertieft hat, werden sich Visionen vom natürlichen Zustand des Geistes in dir manifestieren. Plötzlich, aus den Tiefen des stillen Geistes aufgetaucht, der zur Mutter zurückkehrt, zum Uterus von *Bhairavi*, des Herz/Geist, werden sie sich während der Nicht-Meditation manifestieren. Sie werden der Praxis des *Vijnanabhairava* ähneln, die du so liebst, der Betrachtung der farbigen Kreise der Pfauenfeder: „Stelle dir die fünf farbigen Kreise einer Pfauenfeder als die fünf in den unbegrenzten Raum ausgestreuten Sinne vor und verweile in der Räumlichkeit deines eigenen Herzens.“ [49]

„Das Herz ist der Sitz des natürlichen Zustands, die Visionen und die Regenbögen kommen plötzlich hervor und zeigen deinen Körper in einer räumlichen Dimension. Der natürliche Zustand von Mahamudra ist die Vereinigung von Erscheinungen und Raum. Das Herz ist der Ursprung aller Dinge, dorthin zurückzukehren ist mystische Erfüllung. Es ist nicht außerhalb dessen zu finden. Sogar in den Momenten von Verwirrung kehre immer an deine Quelle zurück. Das Herz ist auch die Liebeskammer, in der wir uns immer wieder begegnen, jenseits von räumlichen und zeitlichen Grenzen. Dein Herz ist mein Herz. Du befindest dich in mir, wie ich mich in dir befinde.

---

49 Daniel Odier Tantra Yoga. a.a.O., Vers 32

Nichts und niemand wird diese heilige Vereinigung trüben können. *Bhairava* und *Bhairavi*!

Die Zurückgezogenheit in der totalen Dunkelheit begünstigt die Entwicklung von der Vision der Kugeln. Sie können auch erscheinen, wenn du die Haltung des Löwen einnimmst, auf allen Vieren kauernd, den Kopf nach oben gerichtet, die Augen nach oben, Richtung Himmel gedreht. Sie können in deinen Träumen erscheinen. Kugeln in Regenbogenfarben, unveränderlich oder beweglich, groß oder klein. Sie können wie Nektartropfen auf deinem Körper rollen, sie können einen Lichtmantel bilden, sie können dich in den Raum forttragen, dich in sich verschwinden lassen. Du kannst riesengroß werden oder winzig, wie ein fünffarbiger Wassertropfen. Der Vers 56 im *Vijnanabhairava Tantra* spielt auf die Kugeln an: „Betrachte das gesamte Universum, als ob es sich in immer subtilere Formen auflösen würde, bis zu seiner Verschmelzung im reinen Bewusstsein."

Fixiere dich niemals auf diese Visionen, sie kommen und gehen, reproduzieren niemals dieselben Formen, sie sind das Spiel der Vibration, des *Spanda*. Manchmal, wenn die Erscheinungen vertraut werden, erscheinen sie während der Tätigkeit, am helllichten Tag, manchmal schenken sie dir die Vision der unendlichen Struktur jeglichen Dinges, den kosmischen Tanz der Atome und der Materie. Du siehst sie in den Pflanzen, den Mineralien, den Tieren, den Menschen, wenn sie ihre absolute Essenz erkennen. Die Visionen sind das Vorspiel zur Praxis des Regenbogens.

Du schwebst sitzend, nackt im nachtblauen Raum.
Dein Atem ist sehr langsam, tief, kaum wahrnehmbar. Du atmest durch den Mund.
Dein Blick geht weit in den nachtblauen Raum.
Dein Blick wird zum Raum.

Ein Diamant erscheint in der Ferne, so groß wie eine Fingerkuppe. Er funkelt.

Deine Faszination für den Diamanten lenkt ihn zu deinem Herzen hin. Er durchquert den Raum.

Der Diamant setzt sich auf deine Haut, in die Mitte der Brust.

Durch den Atem ziehst du ihn in dein eigenes Herz hinein, in die Mitte des Brustkorbs.

Der Diamant erhellt nach und nach deine Organe, deine Muskeln, deine Sehnen, deine Knochen.

Das Licht lässt sich in dir nieder, du bist nichts mehr als leuchtender Raum.

Deine Haut wird transparent, sie dehnt sich mit dem Atem aus und kehrt dann zum Herzen zurück.

Inmitten des Diamanten erscheint ein Regenbogen, dessen Farben aus dem Zentrum entspringen und sich gegen den Uhrzeigersinn drehen, denn das Herz liegt links. So gehen wir immer um die heiligen Stätten herum, aber keine Stätte ist so heilig wie dein eigener Körper, denn der ist die Ganzheit.

Nach und nach beginnt der Wirbel des Herzens aus dem Diamant hervorzuquellen, und zahlreiche Regenbögen begeben sich auf die Reise durch deinen ganzen Körper, ganz frei, bis sie ihn völlig anfüllen. Du bist nur noch Regenbögen inmitten des nachtblauen Raums.

Ganz sanft schieben die Regenbögen deine Haut zum Unendlichen.

Du lässt diese Ausdehnung ganz natürlich geschehen. Sie kann dich sehr weit tragen oder einige Meter von dir entfernt bleiben. Manchmal führt sie dich zur absoluten Vereinigung mit dem Raum.

Da dein Körper der meine ist, erfahre jetzt den unendlichen Raum. PHAT!“

Der Raum-Zeit hatte sich in diesem Regenbogen-Samadhi bis zum Äußersten geweitet. Erst beim frühesten Schein der Morgendämmerung brachte mich Lalita in eine bekannte Dimension zurück.

„Jetzt absorbiert der Diamant die Regenbögen, die, bevor sie verschwinden, wirbelnd in ihn hineinfließen. Die Regenbögen tragen in deinen Körper, in deine Organe, deine Muskeln, deine Sehnen, deine Knochen und in alle Körperflüssigkeiten das Gedächtnis des unendlichen Raums hinein. Alles kommt langsam wieder zum Vorschein, die Farben sind hell und transparent, vibrierend und sanft."

Lalita machte eine lange Pause, sie betrachtete den Himmel, als ob er Teil ihres eigenen Körpers sei. Der Blick, den sie auf die Dinge richtete, war ein Blick der Nicht-Unterscheidung. Sie war die Gesamtheit. Ich liebte es zu sehen, wie sie Dinge mit dieser friedlichen, ihr eigenen Intensität anschaute. Die Kraft der Übertragungen ließ mich die diversen Yogas immer auf der Stelle realisieren. Es war ein Blitzbesuch der Finalität, wonach ich mit Inbrunst praktizieren musste, um den Zustand wiederzufinden. Doch es gab keine Fragen, keine Zweifel mehr. Allein eine leuchtende Spur, die mich zur Praxis führte bis zum Aufgeben der Praxis: Mahamudra.

„Vor jeder Praxis verbindest du dich mit mir, und gemeinsam werden wir die Frucht genießen. Viele Yoginis und Yogis haben den Regenbogenkörper verwirklicht. *Lalla*, die große Dichterin, *Niguma*, viele Meister, bis zum heutigen Tag. Du machst diese Praxis vor dem Einschlafen, und eines Tages wird die Ausdehnung der Regenbögen in den Raum hinein mit dem Einschlafen zusammengehen. Beim Aufwachen machst du den zweiten Teil der Praxis, wo die Regenbögen zum Diamanten des Herzens zurückkehren.

Im Moment des Sterbens geschieht die Praxis ganz von allein, du gehst mit den Regenbögen in den Raum hinaus. Aber immer, vor jeder Praxis, sprich das PHAT mit lauter Stimme aus, um dich mit der räumlichen und natürlichen Natur des Geistes zu verbinden. Das PHAT gibt dem Geist wieder seine Räumlichkeit zurück, aber es reinigt auch alle Orte, die mit negativen Energien aufgeladen sind. Das PHAT ist ein mächtiges Feuer, das alles verzehrt. Du kannst davor die Praxis des 52. Verses vom *Vijnana* machen: „Konzentriere dich auf ein immer heftigeres Feuer, das von deinen Füßen emporsteigt und dich gänzlich verzehrt. Wenn nur noch vom Wind verstreute Asche übrigbleibt, erfahre die Ruhe des Raums, der zum Raum zurückkehrt.""

Am nächsten Morgen sah Lalita ernst aus. Nach dem Bad und den Spritzern des Wasserfalls setzten wir uns in den Wald auf Moos von einem fast lichtdurchlässigen Grün, feucht und weich.

„Höre gut, was ich dir jetzt sagen werde. Ich habe dir die absoluten Lehren erteilt, sie werden spontan im Laufe deines Lebens erblühen. Sie werden sich manifestieren, sobald du den Platz geschaffen hast, um sie in deinem Herzen zu empfangen. Eine genaue Erinnerung wird dir wie durch ein Wunder zurückkommen. Die Praxis der Nicht-Praxis ist lang, schwierig. Vermeide es, Schuldgefühle zu entwickeln, wenn sie dich verlässt. Rufe mich mit Inbrunst an. Rufe die Beschützer der Linie an, rufe deinen Wurzelguru, *Kalu*, an. Wir werden dir zu Hilfe kommen. Eine Praxis, leicht wie der Wind, aber stetig, eine Präsenz, die sich allmählich etabliert, mit all ihren Schwankungen, aber sei in deinem Verlangen nach Raum nicht zu absolut, das würde sich gegen dich wenden. Eine gewisse Anmut in der Praxis, ein Strom von Liebe, der von meinem zu deinem Herzen geht, ist eher erforderlich als Entschlossenheit. Praktiziere immer den Yoga der Linie oder die

Herz-zu-Herz-Verbindung mit mir. Wenn ich einmal verschwinde, wirst du einen großen Schein spüren, der sich im Raum ausdehnt, du wirst Regenbögen sehen. Anschließend wird die Bindung noch stärker sein, ich werde in deinem Herzen wohnen. Die Verbindung zum Meister ist die einzige Liebesgeschichte, die nie verschwindet. Es ist eine absolute Vereinigung.

Nimm jeden Zustand als Bestandteil von Mahamudra an. Lasse jedes Ding sich auflösen wie einen Regenbogen, in ständiger Bewegung; alle Probleme, alle Spannungen werden sich von einem bestimmten Punkt an wie Regenbögen auflösen, einige Sekunden Unruhe, dann von Neuem, Raum!"

„Der Geist liebt es, Konzepte zu machen, zu vergleichen, Urteile abzugeben, den Dingen auf den Grund zu gehen, eine feste Vorstellung der Lehren zu entwickeln und sie in Gewissheiten zu verwandeln. Obgleich das nicht der Sicht von Mahamudra entspricht, erlaube ihnen, das zu tun, denn sie können es nicht lassen. Lasse den Geist dorthin wandern, wo es ihm gut scheint, in totaler Freiheit, in absolutem Nonkonformismus, ohne Einschränkung durch strikte Befehle und Tabus. Versuche einfach zu begreifen, dass jede Bewegung von dem Augenblick an Yoga ist, wo niemand dieses Denken als seinen Besitz beansprucht. Lasse den Gedanken dorthin wandern, wo es ihm gut scheint, aber glaube ja nicht, es sei dein Gedanke.

Sei wie eine leichte Feder in einer tiefen Gebirgsschlucht. Von warmen Luftströmen getragen, steigt sie nach oben, von kalten Luftströmen getrieben, sinkt sie nach unten. Sie wirbelt von links nach rechts, ohne dabei der Vorstellung zu unterliegen, diese Bewegung sei ihrem eigenen Willen entsprungen.

Das Auge liebt es über alles, harmonische Formen zu betrachten und sich von der Freude dieses Anblicks tragen zu lassen. Lasse dein

Auge die Formen annehmen, die es berühren, lasse es die Bewegung der Materie und der Menschen erforschen, aber denke ja nicht, dass du es bist, der die Welt sieht. Es ist eine maßlose Arroganz zu glauben, dass unser Blick sich auf die Objekte richtet. Fühle, dass der Himmel dich anblickt und alles Blick ist. Kehre den Pol des Begehrens um, so wie es im *Vijnanabhairava Tantra* geraten wird (Vers 105): „Das Begehren existiert in dir wie in allen Dingen. Werde dir bewusst, dass es sich ebenso in den Gegenständen befindet, wie in allem, was der Geist erfassen kann. Wenn du also die Allgegenwart des Begehrens entdeckst, dringe in seinen leuchtenden Raum ein."

Die Haut liebt es über alles, in Berührung mit anderer Haut zu sein, mit feinen und lebendigen Stoffen, sich in einen Wasserlauf, in einen See, in den Ozean oder in den Raum hineingleiten zu lassen. Lasse also deine Haut überall dorthin gehen, wo sie sich angezogen fühlt. Bewahre das Grunderschauern und bleibe dabei immer mit dem Raum des Herz/Geist, mit deiner absoluten Essenz verbunden. Sei wie ein vom Körper des Musikers berührtes Instrument. Lasse in der Tiefe alle harmonischen Schwingungen vibrieren, die in dir aufsteigen, aber versuche nicht zu meinen, es sei deine Haut, die mit dem Universum in Berührung kommt.

Das Ohr liebt es über alles, melodische Klänge zu hören, die Musik der Menschen und der Welt zu genießen. Befreie dein Gehör von aller Begrenztheit und erlaube ihm, die Harmonie zu genießen, aber denke ja nicht, es sei dein Gehör, das dem Universum lauscht.

Die Zunge liebt es über alles, in Berührung mit köstlichem Geschmack zu sein, die Welt zu entdecken, ihre Quellen und ihre Höhlen, ihren Tau und ihre Säfte. Lasse deinen Mund auf die Wirklichkeit zugehen, aber stelle dir nur ja nicht vor, es sei dein Mund, der die Welt küsst.

Die Nase liebt es, in Kontakt mit köstlichen Düften zu sein. Sie liebt es, an zarten Parfüms von Pflanzen und Menschen zu riechen. Sie liebt es, den Raum einzuatmen, den auf einen Wald fallenden Regen, den köstlichen Geruch eines sich hingebenden Menschen. Also erlaube deiner Nase, die Welt einzuatmen, aber glaube ja nicht, es sei deine Nase.

Wenn du es schaffst, diese Feinheit im Kontakt mit den Sinnen herzustellen, wird jede Wahrnehmung zur räumlichen Wahrnehmung, und die ganze Schönheit der Welt führt uns ohne Unterlass in die Unbegrenztheit, zum einzigartigen Geschmack zurück. Doch wenn das Ego unsere sensorischen Eindrücke sammelt, benutzt es sie, um daraus seine Festung zu bauen und sich von der Welt zu isolieren. Es hält unsere Panzerungen aufrecht und verursacht unaufhörlich Dualität. Die Schönheit zu genießen, ist der Yoga, der am tiefsten geht, falls niemand die Wahrnehmung für sich vereinnahmt. Das ist meine letzte Unterweisung, es ist die Vollendung allen Zugangs zu Mahamudra. Gib es denen weiter, die sich seiner als würdig erweisen und in der Lage sein werden, über die Empfindung hinwegzufliegen, so wie Sonne und Mond über die Wolken hinwegfliegen. Sei mit dem Übertragen nicht zu ungeduldig. Prüfe die Anwärter genau, bringe sie an die letzte Grenze, an den äußersten Rand, da, wo sich das Ego vor seinem Verschwinden überdehnt. Die Großzügigkeit ist ein Schlüsselelement, jene, denen es daran fehlt, können nicht weitergeben, das ist die Schlussfolgerung vom *Vijnanabhairava-Tantra*. Man muss an die Grenzen seiner selbst gekommen sein, damit die Auflösung stattfindet, die die Fähigkeit zur Gabe öffnet. Die Durchquerung der Dunkelheit der Abgründe in sich selbst ist das Tor zum unendlichen Licht. Der leuchtende Schatten!

PHAT!“

Sei ohne Furcht, unsteter Geist.
Was ohne Anfang ist, ist ohne Ende.
Sorge gut für dich!
Nimm es hin, dass du den Augenblick
Nicht kennst, in dem
Shiva deinen Durst stillt.
Erwarte den göttlichen Ruf, der
Dich zum anderen Ufer lotst.

Lalla

Das Feld von Angst säubern

Die kostbaren Lehren des kaschmirischen Mahamudra zu erhalten, lässt nach und nach verstehen, inwiefern ein Tantrika als Held betrachtet wird, und warum sowohl bei *Matsyendranath* wie in den Tantras erwähnt wird, dass diese leidenschaftliche Dynamik unabdingbar ist. Die Lehren, die am tiefsten gehen, lassen aus einem Menschen immer die stärksten Emotionen emporschießen. Sie können von Gewalttätigkeit gegen andere und sich selbst bis zur schwindelerregenden Bewegung hin zu Raum und Kosmos gehen. Damit diese Kraft sich befreien kann, geht nichts über die Erforschung der drei Abgründe sowie der fünf Panzerungen.

Der erste Abgrund ist die fehlende Liebe, die uns immer zu neurotischem Handeln führt. Von Geburt an sind wir von einem unstillbaren Durst nach Liebe gepackt, dieser konditioniert und steuert unsere Jagd nach Vereinigung in einer sich wiederholenden und leidenden Suche. Es ist eine Urkraft, die die höchsten Lehren nicht zum Schweigen bringen können. Nur eine stetige Praxis kann sie bis fast zum Verschwinden mildern.

Der zweite Abgrund ist das Gefühl der Nichtswürdigkeit, das in Schuldgefühlen zum Ausdruck kommt, die so schnell bei jeder Gelegenheit zu spüren sind. Es fällt uns schwer zu glauben, dass der Herz/Geist die gesamte Schönheit enthält, dass unsere ursprüngliche Natur das Absolute ist und es genügt, die Bewegung der Suche wieder auf das Herz hin zu richten, damit alles vollkommen ist.

Der dritte Abgrund ist das Ego. Das Ego sieht das ganze Feld der Erfahrung nur von seiner Warte aus und entwirft eine Persönlichkeit, die die Empfindung für die fundamentale Einheit aller Dinge verliert. Es erzeugt Stolz und Einsamkeit zugleich, indem es fortwährend die Wirklichkeit für sich erschleicht. Es stiehlt uns die Emotion und alle sensorischen Wahrnehmungen, es konstruiert einen fiktiven, isolierten und leidenden Menschen.

Die fünf in den sechsunddreißig *Tattvas* angegebenen Panzerungen sind mit den fünf absoluten Eigenschaften verbunden.

- Die unendliche Zeit und die begrenzte Zeit.
- Der unendliche Raum und der mangelnde Raum.
- Die Vereinigung mit der Ganzheit und der Mangel.
- Das absolute Wissen und das mangelnde Wissen.
- Die absolute Kreativität und der Mangel an Kreativität.

Die Schönheit der Extreme besteht darin, dass sie miteinander verbunden sind. Wenn wir verstehen, dass das Leben eine fortwährende Bewegung zwischen Absolutem und Mangel ist, setzt eine Kraft ein, eine endlose Welle, die nicht aufhört, diese beiden Zustände miteinander zu verbinden. Sie könnte als die Kreativität der Praxis definiert werden. Die Dynamik des Abgrunds, der Dunkelheit als ein Vorspiel zur absoluten Vereinigung zu spüren, wendet jeden Stillstand ab. Durch das viele Hin- und Her-Manövrieren zwischen den Extremen erobert diese Fluidität unser ganzes Sein. Wir gelangen zur dynamischen Freude, die auf der inneren Stille gegründet ist, die wiederum dem Atem entsprungen ist.

Während der fünfundvierzig Jahre, die Lalitas Unterweisungen von ihrer Verwirklichung getrennt haben, hatte ich Zeit, zu den grundlegenden Praktiken zurückzukehren. Nach den Unterweisungen des Mahamudra habe ich festgestellt, dass die einfachsten Praktiken, die Anfängerpraktiken, mit einer beeindruckenden Kraft aufgeladen waren.

Die Mikropraktiken haben mir wieder und wieder erlaubt, mit den einfachsten Realitäten fertigzuwerden, und das täglich. Sie vertiefen die Präsenz, wenn wir sie verlieren, während wir uns gerade den Schwierigkeiten des Lebens stellen. Die Schönheit der Mikropraktiken hängt mit der Tatsache zusammen, dass absolut jedermann sie machen und Nutzen daraus ziehen kann. Es geht einfach jeden Tag darum, während einer begrenzten Zeit mit einer genau umrissenen Tätigkeit in tiefer Verbindung zu stehen, maximal dreißig Sekunden und zwar tagtäglich, bis unser Körper versteht, dass in der Präsenz mehr Vergnügen steckt als im Automatismus. Jeden Tag schenkt uns das Leben neue Erfahrungen, und wir sammeln diese wunderbaren Augenblicke wie ein pointillistischer Maler tausende von farbigen Punkten aufsetzt, die nach und nach eine Landschaft entstehen lassen. Sich vom Bett erheben, über den Fußboden gehen und sich dabei seiner Bewegungen, der Luft, des Kontakts der Fußsohle bewusst sein. Duschen, das Wasser im Bewusstsein seiner Empfindungen rieseln lassen. Sich kurz um Präsenz bemühen, dann das Gewahrsein des Moments, wo die Präsenz aufhört. Die begrenzte Zeit hilft uns, des Aufhörens gewahr zu sein. Wenn wir zu lange weitermachen, verlieren wir den Moment, wo wir uns von der Präsenz abtrennen. Wir fahren während des Frühstücks mit diesen kurzen Abstechern ins Wirkliche fort und auch dann, wenn wir das Haus verlassen. Eine Wolke, ein Licht, ein Parfüm, der Ausdruck eines Gesichts. Ohne zu benennen, ohne zu beschreiben, ohne zu vergleichen. Nur in der inneren Stille ist Präsenz.

Nach und nach werden diese Dutzende von Momenten, in denen wir mit dem Leben eins sind, Wirklichkeitsinseln schaffen; diese dehnen sich aus und bilden ein Reich des Gewahrseins. All das mit spielerischer Dynamik, ein wesentliches Prinzip von Lalitas Lehre.

Diese Praxis ist so einfach, so tief, so abwechslungsreich, so kreativ, dass sich die Präsenz innerhalb einiger Monate beträchtlich steigert. Und wer Präsenz sagt, sagt Entzücken angesichts der Schönheit der einfachsten Dinge. Im Yoga zu sein, heißt, ständig durch diese Dynamik des Staunens und die direkte Beobachtung, die nicht über den mentalen Diskurs läuft, genährt zu sein. Ein Nahkampf mit dem Wirklichen, eine Verschmelzung im Erschauern, die sich etabliert und unseren Körper in die Dimensionen des Kosmos ausdehnt.

Die Präsenz variiert in ihrer Stärke, es geschieht, dass sie schwächer wird oder sich in unserem Kontakt mit der Welt verliert. Sobald wir uns dessen gewahr sind, verlangsamen wir den Rhythmus. Wir finden durch die Langsamkeit der Bewegung, frei von Absicht und muskulärer Anstrengung, wieder zu einem körperlichen, mentalen und emotionalen Fluss. Dafür ist die Praxis des *Tandava* wunderbar geeignet. Jeden Tag bringt sie uns wieder in den Raum, doch es ist wichtig, diese Sanftheit und dieses Bewusstsein in unsere täglichen Gesten zu integrieren, wenn wir gehen, wenn wir Gegenstände und Menschen berühren. Ein langer Tanz durch das Wirkliche. Zwei Verse im *Vijnanabhairava-Tantra* sprechen von der einzigen körperlichen Praxis kaschmirischen Yogas, Vers 83 und 111:

„Wenn du deinen Körper beim Tandava-Tanz sich langsam im Raum entfalten lässt, beruhigt sich dein Geist, und du erfährst ein Strömen von Glückseligkeit."

„Nachdem du lange Tandava getanzt hast, verschwindet durch die Gnade eines plötzlichen Sturzes die Energie, die der Ursprung der Erregung ist, und die höchste Energie offenbart sich."

Diese Praktiken sind der Sockel des ganzen Gebäudes, geschmeidig wie ein Bambusrohr, der zur Integration von Mahamudra führt. Sie bewirken die Entspannung, von der in allen Texten die Rede ist. Diese macht für die Präsenz der Nicht-Meditation bereit, bis zu dem Moment, wo es weder Meditation noch Nicht-Meditation gibt.

Für einen leidenschaftlichen Charakter ist das Spiel umso vulkanischer, als es sich nicht darum handelt, nicht anzuhaften oder irgendetwas aufzugeben. Im Gegenteil, unser Weg besteht in einem fortwährenden Spiel mit der Welt und unseren Impulsen, unseren Neigungen, unseren Eigenschaften. Völlig lebendig zu werden, heißt, das Feld von Angst zu säubern und in der Vereinigung mit unserem Meister unaufhörlich den Feuerkreis der verrückten Weisheit zu erforschen. Das ist ein schwieriger Weg, ein Weg von Helden!

Der Weg zieht starke Persönlichkeiten an: Viele Künstler, Kreative, Anarchisten, Wissenschaftler, allergisch auf Einschränkungen und strikte moralische Befehle durch religiöse Richtungen. Wir haben keine Regeln, einfach weil alles auf Bewusstsein allein basiert. Keine Irrenwärter. Keine freiheitsbeschränkenden Befehle, sondern im Gegenteil, einen immerwährenden Elan hin zur Intensität des Lebens, die Entfaltung aller Sinne in eine unendliche Freiheit. Ein mystischer Weg!

Die wiederholte und beständige Lektüre der großen Texte, die in diesem Buch veröffentlicht sind, fordert uns dazu heraus, unsere Schemata, unsere Gewohnheiten, unsere im Kreis gehenden Routinen permanent infrage zu stellen. Sie helfen, unsere Ängste und Ausweichmanöver, unseren narzisstischen Wahnsinn und unsere Fluchten genau aufzuzeigen. Die Tantriker haben immer die Idee vertreten, dass die Meister ihre Lehren selber schreiben sollten, damit die Worte die mystische Aufladung sichern. Sie haben immer die Meinung unterstützt, dass die Lektüre eines solchen Textes eine fundamentale Öffnung hervorrufen könne, sogar die Erleuchtung. Diese Texte sind Kräfte, in dem Sinn, dass die *Shakti* eine Kraft ist. Verbündet mit der Anordnung der Worte und Sätze, mit dem kosmischen Plan, der *Shivas* Energie ist, haben sie die Macht, die Knoten zu lösen, die die Vereinigung mit der Ganzheit verhindern. Mit ihrer Kürze und ihrer Glut sind diese Gesänge die Drachen des Erwachens. Sie zu reiten, führt ins Herz unserer eingeborenen Natur – Mahamudra.

Ein anderes Element kann uns einen sehr direkten Zugang zu den Bereichen von Widerstand und Ängsten liefern, die unser Streben nach Einheit bremsen, das ist das Studium der sechsunddreißig *Tattvas*. Die *Tattvas* sind eine Aufspaltung der Wirklichkeit in fünfunddreißig Prinzipien, die am Anfang ein Entwicklungsprozess zu sein scheinen, da sie von den fünf Elementen ausgehen: Erde, Feuer, Wasser, Luft, Äther, bis man beim sechsunddreißigsten anlangt, das jenseits von *Shiva/Shakti* ist. Das will sagen, dass die Gesamtheit der menschlichen Wirklichkeit schon bei der Lektüre der *Tattvas* empfunden und durchschritten wird.

Wenn wir jedes *Tattva* langsam und laut aussprechen und uns dabei auf den Körper konzentrieren, werden wir, dank seiner feinen Reaktionen des sich Öffnens und Verschließens, wahrnehmen, welche *Tattvas* in uns Mangel, Flucht, Angst, Spannung oder, im Gegenteil, Entspannung und Offenheit offenbaren. In den Tattvas hin und her zu reisen, bedeutet, die Gesamtheit unseres Seins zu erforschen, von seinen materiellsten Elementen bis zu den subtilsten Spuren des Äthers. Von daher lässt diese Erforschung eine tiefe Annäherung an das zu, was wir wirklich sind. Ziemlich schnell wird die Vorstellung des Fortschreitens zum Unendlichen dem Gefühl Platz machen, dass das Göttliche oder die Energie von *Shiva/Shakti* sich uneingeschränkt in allen *Tattvas* befindet. Diese Deutlichkeit macht für die Wahrnehmung empfänglich, dass der Weg nicht stufenweise erfolgt. Der präsente Kontakt mit jeglichem Ding führt uns direkt zum Unendlichen. Die sechsunddreißig *Tattvas* sind:

1 Erde
2 Feuer
3 Wasser
4 Luft
5 Äther
6 Geruch
7 Geschmack
8 Berührung
9 Form
10 Klang
11 Füße
12 Wort
13 Hand
14 Anus
15 Geschlecht
16 Haut
17 Auge
18 Zunge
19 Nase
20 Ohren
21 Geist
22 Intelligenz
23 Ego
24 Die mit der Shakti verbundene Natur
25 Der mit Shiva verbundene Plan
26 Zeit
27 Raum
28 Einheit
29 Wissen
30 Kreativität

(Diese fünf vorherigen *Tattvas* sind von der umfassenden Illusion umgebenen.)

31 Das Bewusstwerden seiner eigenen Natur
32 Die mit Macht ausgestattete Subjektivität
33 Das Selbst
34 Shakti
35 *Shiva*
36 Jenseits von *Shiva/Shakti*

Ist diese Kartographie des subtilen Körpers einmal erstellt und in den fünf Elementen verankert, haben wir eine direkte Sicht auf die Spannungspunkte, welche die große Entspannung verwehren, die die Grundlage von Mahamudra ist.

Wir können zum Beispiel sehen, ob wir mit der Erde verbunden sind, ob wir sie fühlen, ob sie uns in Erstaunen versetzt oder uns mit den feinsten oder wildesten Manifestationen Angst macht. Wir können sehen, ob das Feuer da ist, um unsere Konzepte zu verbrennen, aber auch, um seine großartige Energie in unserem ganzen Sein zu entfalten. Wir können uns fragen, ob die Natur des Wassers unseren Körper, unser Bewusstsein, unseren Geist genügend durchtränkt hat, damit wir ein stetiges Fließen spüren. Wir können beobachten, ob die Luft durch unsere Muskeln, unsere Strukturen hindurchgehen kann, ob die Leichtigkeit sowie die unaufhörliche und subtile Bewegung zu unseren Merkmalen gehört. Wir können, was den Raum betrifft, sehen, ob er in uns wohnt, ob wir das Gefühl von räumlicher Freiheit haben oder ob wir uns, im Gegenteil, in unserer Beziehung zu anderen, zu Gegenständen oder Orten, durch sein Fehlen oder durch sein Schrumpfen beklommen fühlen.

Mit diesen wenigen Beispielen wird man verstehen, wie man die anderen *Tattvas* in einer unfehlbaren körperlichen Präsenz angehen kann.

Eine andere Reihe von fünf *Tattvas* ist insofern kostbar, als sie uns erlaubt, einen Unterschied zwischen Geist und Verstand oder Intelligenz zu machen. Dieser Unterschied bietet uns die Möglichkeit, eine klare Vorstellung von der Basis von Mahamudra zu haben, die angeborene Räumlichkeit des stillen Geistes, der wie Raum ist, ohne Eigenschaften, unendlich, unfassbar. Ihn vom Verstand zu unterscheiden, ist ein ganz wichtiger Punkt, um die Lehre von Mahamudra zu verstehen. Es ist dieser grundlegende Geist, auf den die gesamte Lehre des Mahamudra, sei sie kaschmirisch oder buddhistisch, unablässig Bezug nimmt. Der Geist ist Buddha, der Geist ist *Shiva/Shakti*. Derselbe Begriff ist fest im *Chan*, dem chinesischen Zen, verankert, wie in dem Gedicht von Meister Fou (497 -569):

> Verwirklichst du den ursprünglichen Geist,
> Sieht der Geist den Buddha.
> Dieser Geist ist der Buddha.
> Dieser Buddha ist der Geist.[50]

Eine andere wichtige Praxis macht es möglich, ohne Unterlass zur Räumlichkeit des Herzens zurückzukommen, das ist der Yoga der Emotionen, typisch für den *Spanda*-Weg des Tantrismus aus Kaschmir. Um ihn wirklich zu verstehen, muss man sich der Tatsache bewusst sein, dass wir nicht auf die Kontrolle der Emotionen bedacht sind, sondern dass wir durch die emotionale Beweglichkeit zur inneren Heiterkeit gelangen sowie durch die Freiheit, alle Emotionen in den Raum des Körpers hereinzulassen. Ohne Kommentar oder inne-

---

50 Chan Master Sheng-yen, The poetry of Enlightenment. Poems by ancient Chan Masters. Dharma Drum Publications, Boston 1987, S. 18. Franz. Übers. Daniel Odier

ren Diskurs wird der Körper seine natürliche Aufgabe sicherstellen: Den emotionalen Fluss zu absorbieren und herausgehen zu lassen. Um sich diesem Yoga anzuvertrauen, ist es wichtig, sich im Atem zu verankern, denn es ist das Zwerchfell, das in stetigem Rhythmus die Emotion absorbieren und befreien wird. Eine große emotionale Freiheit stellt sich nach und nach ein. Körperliches Bewusstsein, dass gerade eine Emotion entsteht. In den ersten Sekunden ist das nur eben eine subtile klimatische Veränderung, die Emotion wird größer, man kann sie benennen, Freude oder Traurigkeit. Die Emotion entwickelt sich, vollendet ihren Kreislauf. Sie kommt zum Höhepunkt, dann beginnt sie, von allein zurückzugehen. Das ist ein schwieriger Punkt. Die Emotion nicht zu verlassen, die weiter im Körper stagnieren würde, sondern, im Gegenteil, sie weiterhin bis zu ihrer natürlichen Auflösung zu begleiten. Ein Tantra besagt, dass die Emotionen sich von allein befreien, also gibt es nichts anderes zu tun, als sie bis zu dem Moment zu begleiten, wo sie sich in Raum verwandeln und der nächsten Emotion Platz machen. Mit dieser Praxis werden wir wie der Himmel, der sich durch Sternschnuppen nicht stören lässt, und wir kommen zu folgendem Paradox: Ein Yogi empfindet wesentlich mehr Emotionen, aber keine stagniert im System. Er ist von emotionaler Erregung befreit, da der Yoga der Emotionen so fließend ist. Dieser Yoga ist ebenfalls eine tägliche Praxis über lange Strecken hindurch, sie ermöglicht ein viel reicheres und viel einfacheres Leben. Die Zentrifugalkraft dieser Praxis saugt alle Emotion auf und macht sie räumlich. Die emotionale Angst und das Ausweichen verschwinden. Der Praktizierende lebt ganz und gar, ohne sich um Grenzen, Rahmen, Konventionen zu kümmern. Endlich steigt Spontaneität auf, und der *Sahajiya* kommt mit der verrückten Weisheit in Berührung.

Die *Kaula Upanishad*, ein kurzer Text, enthält in der Essenz die ganze Dynamik des Tantrika. Ich habe ihn oft in den Momenten wieder gelesen, wo es für mich notwendig war, erneut den Anschluss an die Stärke von Lalitas Unterweisungen zu finden. Er hatte die magische Kraft, mich wieder mit der Linie zu verbinden und mich zum Herzen zurückzubringen.

„Auf dass der *Kaulika* triumphiere! Auf dass *Varuni* triumphiere! Auf dass der Gott *Agni* triumphiere! Auf dass alle lebendigen Wesen triumphieren!

Gruß dem Absoluten! Gruß der Erde! Gruß dem Feuer! Gruß der Luft! Gruß dem Guru! Ihr seid der Kosmos! Ihr seid das ganz offensichtlich! Ich werde vom göttlichen Gesetz sprechen! Ich werde von der Wahrheit sprechen! Auf dass mich das beschütze! Der Ursprung der Rede muss mich beschützen! Beschützt mich! Beschützt meine Rede! Om Shanti, Shanti, Shanti!

Jetzt die Erforschung im Dharma. Es ist das Wissen und der Geist. Es ist die geeinte Ursache des Wissens und der Befreiung. Die *Siddhis*, die von seinem eigenen Wesen ausgehen, erscheinen aus der Befreiung selbst.

Die fünf Objekte der Sinne bilden den Kosmos in Ausdehnung. Von all diesem Wissen ist es die Essenz. Der Yoga ist Befreiung.

Das ungeteilte Absolute ist der Schöpfer. Das Unwissen entspricht dem Wissen. Ishvara, der Herr, ist der Kosmos. Die Ewigkeit ähnelt dem Kurzlebigen. Das Wissen ist mit dem fehlenden Wissen identisch. Das *Adharma* ist das *Dharma*. Das ist die Befreiung.

Das ist das wahre Wissen. Von allen Sinnen ist das Sehen der wichtigste Sinn. Verhalte dich entgegen den Erwartungen. Sei mit Denkschärfe versehen! All das ist die Essenz von *Shambhavi*.

Die *Amnaya* (die geheime Tradition) wird nicht im Wissen gefunden. Der Guru ist einzigartig. Alles ist einzigartig im Geist. *Siddhis* gibt es bei Nichteingeweihten nicht. Gebt euren Stolz und andere Fehler auf.

Man sollte das nicht offenbaren. Man sollte darüber nicht mit den *Pashus* diskutieren. Sogar das schwächste Argument kann einen Teil Wahrheit enthalten. Man darf keine Unterscheidungen machen. Sprecht nicht über das Geheimnis des Selbst. Darüber kann man nur mit einem Schüler reden.

Grundsätzlich ist man ein *Shakta*, äußerlich ein *Shaiva* und in der Welt ein *Vaishnava*. Das ist die Regel. Die Befreiung erfolgt aus der Selbstkenntnis.

Verurteilt andere Dinge, wie den Mikrokosmos, nicht. Erfüllt keinerlei Gelübde. Richtet euch nicht in der Einschränkung ein. In Verpflichtungen liegt nicht die Befreiung, ein *Kaula* sollte sich nicht äußerlichen Praktiken hingeben. Man wird dem Ganzen gleich. Man ist befreit!

Dieses Sutra muss man in der Morgendämmerung lesen, um die *Siddhis* des Wissens zu verwirklichen. Das ist das Wissen des Selbst oder *Parameshvari*. Auf dass die *Kaula* triumphieren!

Om Shanti, Shanti, Shanti!“[51]

Und immer in meinem Herzen: *Sahajanandabhairavas* Gedicht der Übertragung an Lalita. Es enthält das ganze geistige Funkeln von Mahamudra:

Keine Hoffnung, kein Bedürfnis, kein Mangel,
Keine Projektion, keine Erwartung, keine persönliche Geschichte,
Keine Unbeweglichkeit, keine Bewegung,
Kein Hier, kein Da, die Welten sind nicht gespalten.

---

51 Aus dem Sanskrit übersetzt von Dominik Boubouleix, unveröffentlicht. (Auf dem Internet gibt es eine gute englische Übersetzung von Mike Magee.)

Entspanne Empfinden, Denken und Gefühl.
Lasse sie ihrem spontanen Verlauf folgen,
Sie befreien sich, wie eine Wolke sich im Raum auflöst.
Koste das Unbegrenzte, denn nichts ist von deiner ursprünglichen
Essenz getrennt.
Räumliches Bewusstsein, hell entflammtes Herz,
Unsagbare Freude im Schoß des Wirklichen.
Alles befreit sich im Augenblick.
Nichts zu tun oder zu unterlassen,
Bewegung und Bewegungslosigkeit sind strahlendes Bewusstsein.
Frei von Suche und Praxis,
Überschwemmt die Essenz des Herzens dein ganzes Sein.
Dein kosmischer Körper manifestiert sich in Gesamtheit,
Der Kosmos erschauert in deiner eigenen Wohnstatt!
Deine Stimme hallt im Kern jeden Atoms wider,
Deine Bewegungen fließen harmonisch.
Das ist räumliche Nacktheit!
Das Reich des Herzens! Mahamudra!
Die Essenz der geheimsten Lehren!
Dass die weite Himmelspforte sich dem Unendlichen öffne,
Dass deine Freude explodiere in einem Strom, dem nichts entgegen-
wirkt,
Dass das unendliche Licht deines Körpers die Menschen nähre
In einem Emporspringen der Liebe ohne Ende!
Der Honig dieser Verwirklichung fließt in jedem Lichtfleck,
Weder Materie noch Wesen werden ausgespart,
Sonne und Mond, Felsen und Bäume, Himmel und Erde,
Körper und Geist künden einzig von diesem Herzen, das bis ins
Unendliche vibriert!

Glossar

Bhairava-Bhairavi: Männlich-weibliches tantrisches Götterpaar. Im Shivaismus bezeichnet der Begriff Bhairava eine wilde, mit der Vernichtung verbundene Manifestation Shivas. Im Trika-System des Shivaismus aus Kaschmir vertritt Bhairava die absolute Wirklichkeit.

Dzogchen: Nach der Nyingma-Schule des Tibetischen Buddhismus und der Bön-Tradition ist Dzogchen der Urzustand und die natürliche Beschaffenheit jeglichen Wesens. Eine nicht-duale Beschaffenheit, ohne Anhaften oder Konzepte. Dzogchen wird als die endgültige und geheimste Lehre des Buddhas betrachtet. Das Wort *Dzogchen* bedeutet die „große (chen) Vollständigkeit (dzog)“, das verweist auf die Tatsache, dass alle Eigenschaften der Buddhaschaft auf der Ebene des Rigpa (ganz bewusst sein) vollständig sind, das ist die wesentliche und tiefste Ebene all dieser Eigenschaften. So erklärt die buddhistische Lehre des Dzogchen, die von Padmasambhava nach Tibet gebracht worden war, dass auf gewisse Weise die Erleuchtung *bereits da* ist, dass die Meditation nicht einmal notwendig ist, wenn man bedenkt, dass es nicht darum geht, die Wahrnehmung der Dinge zu verändern, sondern die Reinheit des Geistes zu *erkennen.* Es gibt keine zwei Typen von unterschiedlichem Bewusstsein, das erleuchtete und das unwissende: Es gibt nur ein Bewusstsein. Anders gesagt: Wir sind bereits befreit. Es geht nur darum, es zu *erkennen.*

Kalpa: Begriff aus dem Sanskrit, der Äon oder langer Zeitraum bedeutet und hauptsächlich in der buddhistischen oder hinduistischen Kosmologie verwendet wird. Der beständigste buddhistische Kalpa dauert 16 Millionen Jahre, der hinduistische Kalpa entspricht jedoch 4.32 Milliarden Jahren.

Tibetisches Mahamudra: Auf Sanskrit „große Geste" oder „großes Symbol", auch als *Chagchen* bekannt, (Zusammenziehung von *Chagya Chenpo* auf Tibetisch). Der Begriff Mahamudra bezeichnet ein fortgeschrittenes, ausgeklügeltes Meditationssystem auf die Natur des Geistes: Ein Korpus an Lehren, der sich in den meisten Schulen des Tibetischen Buddhismus findet. Dieser schließt Methoden ein, um wahrhaftig die Buddha-Natur des Geistes zu verstehen, und man praktiziert darin die Stabilisierung der nicht-dualen Verwirklichung ohne dauerhaftes Anhaften. Ebenso wie man ein Wachssiegel auf gesetzlichen Dokumenten aufdrückt, um die Echtheit seiner Unterschrift zu bekräftigen, so bringt man das große Siegel von Mahamudra auf der echten Lehre an, die die Erleuchtung zum Nutzen aller lebenden Menschen mit sich bringt. Das Unterscheidungsmerkmal der Meditation von Mahamudra besteht darin, sich auf den Geist selbst zu konzentrieren, auf seine vertraute Beziehung mit der herkömmlichen Welt der Erscheinungen und mit der Leerheit (Leere). Die Tatsache, dieser Beziehung nicht bewusst (unwissend) zu sein, und die Verwirrung rund um diese Beziehung leiten unsere störenden Emotionen und unser zwanghaftes karmisches Verhalten. Das bringt Leiden und fortwährende Probleme mit sich. Die Mahamudra-Meditation ist eine äußerst wirksame Methode, um zur Befreiung von all dem zu gelangen und später zur Erleuchtung, aber nur, wenn man sie auf strengen Grundlagen durchführt, doch das erfordert vorgängig gründliches Üben.

Kaschmirisches Mahamudra: Hat sich das tibetische Mahamudra ab dem 7. Jahrhundert entwickelt, so hat sich hingegen die tantrische Tradition während der ersten Jahrhunderte unserer Zeitrechnung entwickelt, auch wenn die große Linie der kaschmirischen Meister erst im 8. Jahrhundert mit Vasugupta beginnt. Während ihre Gelübde und Traditionen die buddhistischen Mönche und die hinduistischen Brahmanen einschränkten, erfreuten sich die Feierlichkeiten der kaschmirischen Yoginis einer ungewohnten Freiheit. Dabei gab es eine Mischung von Künsten, Tanz, Poesie, Musik, sexueller Vereinigung und konzeptueller, religiöser und moralischer Grenzenlosigkeit. Folglich ist das kaschmirische Mahamudra eine antikonventionelle Praxis, nicht vereinbar mit religiösen Regeln, sozialen Unterteilungen in Kasten oder anmaßenden Gelehrten. Im kaschmirischen Mahamudra existiert eine Einheit vom Körper des Praktizierenden mit dem Kosmos: Nichts ist unrein, denn alles ist Shiva/Shakti. Folglich gibt es nichts zu verwandeln, zu transzendieren oder zu reinigen. Wenn Hinduismus und Buddhismus im Allgemeinen die Wirklichkeit als illusorisch wahrnehmen, so nimmt Mahamudra aus Kaschmir die Welt als wirklich wahr, genau wie die Tantriker und die Zen-Buddhisten: Das sinnliche und emotionale Feld zu integrieren, erhält Vorrang, und es gilt, das Begehren als grundlegende Dynamik des Menschen zu erkennen. Die Shivaiten betrachten das Begehren als einen absoluten Impuls und nicht als Ausdruck von Willen oder Mangel; was die Sicht der nicht erleuchteten Wesen ist.

Mahasiddha: Kann ein Siddha ein Zauberer, ein Heiliger oder sogar ein einfacher Praktizierender des Vajrayana-Buddhismus sein, dann spricht die tantrische Tradition von den vierundachtzig Siddhas, die in einem normalen Leben zur Erleuchtung kamen. Dabei hatten sie das Glück oder das Karma, die Bekanntschaft mit einem Meister zu machen, der ihnen anbot, sie in eine Linie der tantrischen Unterweisung einzuführen; er brachte sie auch dazu, einer persönlichen tantrischen Meditationspraxis (Sadhana) zu folgen. Man nannte sie die vierundachtzig Mahasiddhas. Die vierundachtzig Mahasiddhas kamen aus allen Bereichen des Lebens und repräsentierten das ganze Spektrum der menschlichen Erfahrung. Das Wort „Maha“ bedeutet groß oder erhaben, der bekannteste von ihnen war Padmasambhava.

PHAT: Buchstabe oder Silbe, die den Mantras eigen ist. Im buddhistischen Tantra funktioniert es auf dieselbe Weise wie ein Samenbuchstabe. Man assoziiert es oft mit den Mantras der zornigen Gottheiten. Der Sinn des Wortes ist dem „krack" nahe. Seine Bedeutung kommt aus der vedischen Tradition. Im Mantra von Vajrasattva fügt man es hinzu, wenn man dieses Mantra zur Unterwerfung von Dämonen verwendet.

Sahaja: Spontane Erleuchtung. Die Praktiken der Sahaja kamen zum ersten Mal im Laufe des 8. Jahrhunderts in Bengalen bei Siddha Sahajiya genannten buddhistischen Yogis auf. Ananda Coomaraswamy beschreibt ihre Bedeutung als „der höchste Erfolg des gesamten Denkens" und „ein Wiederkennen der Identität von Geist und Materie, von Subjekt und Objekt". Also „gibt es in Wirklichkeit nichts Heiliges oder Profanes, Spirituelles oder Sinnliches, doch alles, was lebt, ist rein und leer".

Siddha: Im Hinduismus ist ein Siddha ein zur Erleuchtung gelangter Meister. Das ist ein Begriff, den man oft in den indischen Religionen und Kulturen verwendet, im Sinne von „der, dem es gelungen ist". Er dient dazu, die vollendeten Meister zu benennen, die ein hohes Niveau an physischer und spiritueller Vollkommenheit erreicht haben, sprich, die Erleuchtung. Im Jainismus wird dieser Begriff für die Bezeichnung der befreiten Seelen verwendet. Siddha kann sich ebenfalls auf jemanden beziehen, der *Siddhis* erlangt hat: Dank spiritueller Praxis besondere mentale Fähigkeiten.

Siddhi: „Vollkommenheit" oder „Erfolg". Im Sanskrit ist *Siddhi* eine mentale Kraft, die dank Yoga-Praxis- oder Disziplin erlangt wird. Das heißt, dass sie nicht den Wundern oder paranormalen Kräften entsprechen, selbst wenn einige frühe Quellen wie das *Vissudhimagga* ganz klar zu verstehen geben, dass man einst dachte, dass die spirituellen Meister wirklich ihre paranormalen Fertigkeiten unter Beweis stellten. Darunter solche wie durch die Lüfte fliegen, feste Hindernisse durqueren, in den Boden eintauchen oder auf dem Wasser gehen. Im *Yoga Sutra* beschreibt man bis zu fünfundzwanzig verschiedene *Siddhis*. Deren acht wichtigste sind:

- **Anima:** Den Körper auf die Größe eines Atoms verkleinern.
- **Mahima:** Den Körper auf unendliche Größe anwachsen lassen.
- **Laghima:** Fast sein ganzes Gewicht verlieren.
- **Prapti:** Gabe der Allgegenwart, die Fähigkeit, überall zu sein, wo man will.
- **Prakamya:** Alles verwirklichen, was man begehrt.
- **Isitva:** Beherrschung der Natur.
- **Vasitva:** Kontrolle der natürlichen Kräfte.
- Die Namen, unter denen das achte bezeichnet wird:
- **Kama-avasayitva:** Befriedigung, Unterdrückung des Wunsches oder der Wünsche, die Wirklichkeit werden.
- **Garima:** Unendlich schwer werden.

Tandava: Nach der hinduistischen Mythologie bezeichnet der Ausdruck *Tandava* den rasenden, von Gott Shiva ausgeführten Tanz. Er ist der Ursprung des Kreislaufs der Schöpfung, der Erhaltung und Auflösung des Universums. Aus ihm leitet sich der Tandava-Tanz aus Kaschmir her, ein Yoga, der auf einer spontanen Bewegung beruht, er wird auch kaschmirischer Yoga oder Shiva/Shakti-Tanz genannt. Es handelt sich um einen aus langsamen Bewegungen gebildeten Tanz der Gesamtheit, wo man Spontaneität und innere Ruhe entwickelt. Er lässt den Körper Spontaneität anstreben und dabei seine Freiheit zurückgewinnen.

Tantrika: In Sanskrit „auf Tantra bezogen". Als Adjektiv beschreibt es die mystischen Texte, die dem Kult der Göttinnen und der Shakti (weibliche göttliche Energie) gewidmet sind, die Tantras (Texte) und ihre Lehren oder die Rituale zur Verehrung der Göttin. In Substantivform verwendet man es als Bezeichnung für Praktizierende des Tantra

Tattva: Ein Tattva ist ein Element beziehungsweise Aspekt der Wirklichkeit oder der Wahrheit oder eine ihrer Eigenschaften.
In manchen Traditionen betrachtet man sie als Aspekt jeder Gottheit. Trotz der Tatsache, dass die Anzahl der Tattvas entsprechend der philosophischen Schule variiert, sind sie dazu gedacht, gemeinsam die Grundlagen unserer ganzen Erfahrung zu bilden. Die Samkhya-Philosophie benutzt ein System von fünfundzwanzig Tattvas, während der Shivaismus sechsunddreißig anerkennt.

Unmani: Wort aus dem Sanskrit mit der Bedeutung „ohne Geist“, „über den Geist hinaus“ oder „ohne Denken“. In der yogischen Philosophie beschreibt es einen Zustand des Übergangs zwischen zwei Bewusstseinszuständen: Das Erwachen und der Traum. Im Zustand von Unmani ist der Yogi weder vollständig wach noch eingeschlafen. Dieser Zustand kann auch als Übergang zwischen bewussten und unbewussten Denkmustern betrachtet werden. Unmani ist also kein Meditationszustand, dieser braucht einen Zustand des Wachseins.

Die wichtigen Tantra-Schulen aus Kaschmir:

Krama: Diese Schule des Fortschritts (Krama) – der Name spielt auf ihre stufenweise erfolgende Methode an, weniger direkt als die des Kula – kam in Kaschmir Ende des 7. Jahrhunderts auf. Sie schreibt der Initiationsübertragung durch Frauen eine besondere Bedeutung zu. (Einer ihrer ersten Meister, Shivananda, bildete mehrere Yoginis aus, die wiederum zahlreiche männliche Schüler ausbildeten). So werden alle göttlichen Aufgaben (Schöpfung, Erhaltung, Auflösung, unnennbarer Zustand, Freiheit) sowie alle Aspekte (Bewusstsein, Freude, Wille, Wissen, Handlung), die sich normalerweise auf Gott beziehen, auf die Shakti übertragen. Diese wird nun zum höchsten Prinzip umgewandelt und setzt sich als Ursprung und Ende aller Dinge an die Stelle Shivas. Hier ist es die Shakti, die das Universum „ausspeit" und es am Ende jeden kosmischen Zyklus „wieder absorbiert": Sie ist es, die die schmerzliche zeitliche Aufeinanderfolge in absolute, ungeteilte und unwandelbare Zeit verwandelt.

Spanda: Zu Beginn des 9. Jahrhunderts aufgekommen, handelt es sich um die Schule der Vibration (Spanda). Das kosmische Werk in Bewegung zu versetzen, ist ein vibrierender Akt des höchsten Wesens und seiner Energie. Dieser kreative Aufruhr, diese Ur-Erschütterung, die mit dem Odem des Lebens (*Prana*) identisch ist, muss sich im alleinigen Zentrum des Bewusstseins, dem Herzen, befinden. Man definiert den Kern dieser Schule als „Impuls" oder „Sprung", eine blitzschnelle Adhäsion an das Wirkliche, welche die Spaltung zwischen Wissendem und Gewusstem völlig transzendiert. Sie erlaubt dem Yogi, das ganze Universum als seinen eigenen „Körper" und als Ausdehnung seiner eigenen Energie zu sehen.

Kaula: Diese frühe Schule, auch unter dem Namen Kula bekannt, geht auf das 5. Jahrhundert zurück. Sie hat sich im 9. und 10. Jahrhundert von Südindien nach Kaschmir ausgebreitet. Ihr Name bedeutet „große Familie" und, im übertragenen Sinn, Organisation oder Initiations-Kette, wo die Shakti gegenwärtig und wirklich wird. Wie „die Vollkommenen" (Siddhas) und die „Helden" (Vira), müssen die Kaula, Mitglieder von sehr geschlossenen Kreisen, ihre Gefühle und ihr Denken vollkommen beherrschen. Sie müssen alle Zweifel und Ängste hinter sich gelassen haben, ein reines Herz besitzen, frei von Geiz und Anhaften, und sie müssen die Einweihung eines Gurus derselben Linie erhalten haben. Die Kaula-Schule bietet einen vom klassischen Yoga sehr unterschiedlichen Yoga an, der auf der Vereinigung der Gegensätze basiert, dabei macht er den Körper spirituell und gibt dem Geist eine Körperlichkeit. „Man sagt, dass der Yogi die Welt nicht genießen kann und jener, der die Welt genießt, Yoga nicht kennen kann. Aber auf dem Weg der Kaula existieren Genuss (*Bhoga*) und Yoga gemeinsam" (Kulanarva Tantra, 1,23). Die sexuelle Vereinigung auf der Suche nach der Natur des Seins, die Praxis als Paar, die luzide Verwendung von Alkohol, der Verzehr von anregenden Gerichten und die Teilhabe der eingeweihten Frau sind toleriert und bieten sich als ein Weg dar, der die Offenbarung der vibrierenden Freude zulässt.

Pratyabhijna: Vierte und späteste der shivaitischen Schulen aus Kaschmir (mit den Krama- Spanda- und Kaula-Schulen). Ende des 9. Jahrhunderts von Somananda gegründet und von seinem Schüler Utpaladeva zu einem System erhoben, vermittelt sie eine sehr verfeinerte metaphysische und kosmologische Lehre. Diese bietet Spontaneität und den direkten Weg als Mittel an, um zum „Unerreichbaren" Zugang zu haben: Die Erkenntnis *(Pratyabhijna).*

Das bedeutet die intuitive, unmittelbare Bewusstwerdung durch das Herz Shivas in uns und im Universum.

Eintauchen in die absolute Liebe

Tantra – Eintauchen in die absolute Liebe

Wie viele an östlicher Spiritualität interessierte Abendländer bricht Daniel Odier zu einer Reise nach Indien auf, um die Geheimnisse der Weisen des Himalaya zu erkunden. Odier war kein Anfänger, sondern durch frühere Studienreisen bereits mit der indischen Philosophie vertraut. Doch diesmal sollte seine Reise mehr sein als nur eine „Studienreise". Daniel Odier schildert in diesem bewegenden Buch seinen dramatischen Bewusstwerdungsprozess, der ihn über seine Ängste, Vorurteile und Begrenzungen hinausführt und zu einem erwachten Menschen werden lässt.
Mit Sicherheit eines der besten und vor allem authentischsten Werke, das je von einem Abendländer über Tantra geschrieben wurde. Ein Buch, das wahrhaft den Weg zur absoluten Liebe aufzeigt!
(ISBN 978-3-89427-246-3)

Freude – Das Glück im Herzen der Dinge entdecken

Daniel Odier, der große Tantra-Meister, geht mit diesem wunderbaren kleinen Buch wieder zurück zur Essenz der uralten Weisheit. Es geht um das Glück im Alltag, in den scheinbar unbedeutenden Dingen des täglichen Lebens. Es geht in letzter Konsequenz um – EINFACHHEIT!
Nur wem es gelingt, die Schönheit und Lebensfreude in den „kleinen Dingen" zu entdecken, der wird auch in seinem großen Lebensplan jene Erfüllung finden, nach der er sich sehnt. Wie diese Wachheit im Alltag zu verwirklichen ist, schildert Daniel Odier mit viel Lebensweisheit, einer Prise Selbstironie und brillanter Beobachtungsgabe.
Ein Buch voller Tiefsinn, das mit dem Herzen gelesen werden will!
(ISBN 978-3-89427-661-4)

Lalla
Mystische Gesänge
des kaschmirischen Tantrismus
Lalla war bereits zu ihren Lebzeiten eine Legende. In einer von Männern dominierten Welt des kaschmirischen Tantrismus ragte sie aufgrund ihrer unorthodoxen Spiritualität und Lebensweise heraus. Sie versuchte, konsequent ihre innere spirituelle Erfahrung auch in ihrem Leben umzusetzen.
Ihre „mystischen Gesänge" haben Lalla über die Jahrhunderte hinweg zu einer Unsterblichen gemacht. Ihre Texte berührten damals und sie berühren auch noch heute.
Ein bewegendes Zeugnis einer großen Verwirklichung!
ISBN 978-3-89427-872-4

Daniel Odier

Die Ekstase des Herzens
Der tantrische Weg zum Erwachen
(ISBN 978-3-89427-281-4)

Das tantrische Erwachen
Begehren, Leidenschaft und Spiritualität
(ISBN 978-3-89427-620-1)

Meditations-Techniken der buddhistischen und taoistischen Meister
(ISBN 978-3-89427-757-3)

Das entflammte Herz
Auf dem tantrischen Weg
die Kraft des Herzens entfalten
(ISBN 978-3-89427-504-4)